就业扶贫
地方典型做法实录

人力资源社会保障部就业促进司
中国就业培训技术指导中心
组织编写

中国劳动社会保障出版社

图书在版编目（CIP）数据

就业扶贫地方典型做法实录 / 人力资源社会保障部就业促进司, 中国就业培训技术指导中心组织编写. --北京：中国劳动社会保障出版社, 2021

ISBN 978-7-5167-4880-0

Ⅰ.①就…　Ⅱ.①人…②中…　Ⅲ.①扶贫-案例-中国　Ⅳ.①F126

中国版本图书馆CIP数据核字(2021)第170592号

中国劳动社会保障出版社出版发行

（北京市惠新东街 1 号　邮政编码：100029）

*

北京市白帆印务有限公司印刷装订　　新华书店经销

787 毫米 ×1092 毫米　16 开本　17 印张　251 千字

2021 年 10 月第 1 版　　2021 年 10 月第 1 次印刷

定价：58.00 元

读者服务部电话：（010）64929211/84209101/64921644

营销中心电话：（010）64962347

出版社网址：http://www.class.com.cn

前言

党的十八大以来，以习近平同志为核心的党中央把脱贫攻坚工作纳入“五位一体”总体布局和“四个全面”战略布局，作为实现第一个百年奋斗目标的重点任务，做出一系列重大部署和安排，带领全国人民打响脱贫攻坚战。

到2020年年底，新时代脱贫攻坚目标任务已如期完成，现行标准下农村贫困人口全部脱贫，贫困县全部摘帽，易地扶贫搬迁任务全面完成，消除了绝对贫困和区域性整体贫困，创造了人类减贫史上的奇迹。

“一人就业、全家脱贫，增加就业是最有效最直接的脱贫方式，长期坚持还可以有效解决贫困代际传递问题。”就业扶贫在脱贫攻坚战中发挥了重要作用。为充分讲好脱贫攻坚战中的就业扶贫故事，提炼脱贫攻坚精神，按照《人力资源社会保障部办公厅　国家广播电视总局办公厅　国务院扶贫办综合司关于开展“劳动最光荣、脱贫靠奋斗”就业扶贫主题宣传的通知》有关要求，我们根据各地报送的材料，编印了《就业扶贫地方典型做法实录》。

通过总结地方在推进就业扶贫工作中的典型做法和生动实践，激励干部群众，激发工作热情和内生动力，为各地巩固脱贫攻坚成果提供参考和借鉴，营造全面推进乡村振兴的社会氛围。

脱贫摘帽不是终点，而是新生活、新奋斗的起点。在习近平新时代中国特色社会主义思想指导下，我们将继续做好就业帮扶工作，为全面推进乡村振兴、加快农业农村现代化建设做出不懈努力。

目录

省（自治区、直辖市）典型做法

市（区、县）典型做法

省（自治区、直辖市）典型做法

北京市：

以首善标准促就业助脱贫

北京市人力资源社会保障系统以首善标准深入开展就业扶贫劳务协作，在脱贫攻坚战中打了一场就业扶贫硬仗，共吸纳38.5万名我国中西部地区建档立卡贫困人口在京就业，帮助18.9万名对口帮扶地区建档立卡贫困人口就地就近就业。

建立扶贫协作机制。北京市、区两级人力资源社会保障部门分别与河北、内蒙古两地省级及所辖共54个对口帮扶贫困县（旗）人力资源社会保障部门签订扶贫协作协议。制定稳岗就业帮扶政策，为对口帮扶地区建档立卡贫困人口提供各类补贴。

提供三项就业服务。一是精准推荐岗位。召开扶贫专场招聘会500余场，提供就业岗位68万余个。二是精准稳岗服务。为在京务工贫困人口定向发送32万条就业服务短信，提供“一对一”稳岗服务。三是“点对点”返岗复工。新冠肺炎疫情期间，帮助100万名农民工有序返京复工，实现就业增收。

开展四个专项行动。一是技能扶贫行动。举办技能培训班1900余班次，培训建档立卡贫困人口6.9万名。二是家政扶贫行动。与6个劳务输出大省共同认定121家家政服务员培训输出基地，开展有组织劳务协作。三是智力帮扶行动。选派挂职干部，开展“院士专家行”活动，深入贫困一线送服务。四是人才培养行动。培训700余名京冀蒙藏人力资源社会保障扶贫干部，为脱贫攻坚提供坚强人才支持。

天津市：

建立劳务协作服务工作站　强化对接帮扶

天津市人力资源和社会保障局创新设计就业扶贫工作框架，在东西部扶贫劳务协作中，通过建立劳务协作服务工作站，帮贫困劳动力铺就业脱贫之路，助企业解劳动力需求之渴。建站以来，共组织各类招聘活动216场次，为受援地提供13.4万个就业岗位，累计帮促受援地贫困劳动力8.6万人转移就业。

组织有力，职责明确。天津市成立劳务协作服务工作总站，组织50个对口帮扶县（市）挂牌成立劳务协作县级工作站，实现劳务协作组织机构全覆盖。市人力资源和社会保障局负责总站整体工作指导，中国北方人才市场中天人力服务中心负责总站日常工作，对受援地工作站工作进行整体推动和指导调度，各区人力资源和社会保障局与受援地人力资源社会保障部门加强沟通衔接，依托县级工作站共同做好劳务对接工作。

政策有力，帮扶精准。对在受援地建立劳务协作服务工作站的，天津市人力资源和社会保障局给予一次性建站补贴10万元，用于受援地工作站开展日常工作。工作站通过"转移就业与就地就业相结合、线上服务与线下服务相结合、就业扶贫与技能扶贫相结合"的工作模式，汇集两地人员岗位信息，联合举办招聘活动，促进人岗对接。

服务有力，成效明显。依托劳务协作服务工作站，两地人力资源社会保障部门持续开展就业扶贫专项活动，多种渠道为受援地贫困劳动力提供职业介绍、职业指导、网络招聘等服务，引导贫困劳动力赴津就业创业。

河北省：

抓好就业主线　确保稳定增收

河北省人力资源社会保障厅全面落实人力资源社会保障部关于脱贫攻坚的部署要求，创新政策举措，狠抓工作落实，全省贫困劳动力务工规模逐年扩大，务工成为贫困人口增加收入最有效最直接的途径，就业扶贫工作取得积极成效。

工作机制健全有力。建立“五个一”工作机制，做实“重点任务清单”，动态调整贫困劳动力就业帮扶举措。成立稳岗就业工作专班，细化落实举措，压紧压实工作责任。

政策体系全面精准。从做实就业优先政策，支持企业稳定岗位、促进贫困劳动力就业等方面，打出“1+18”政策组合拳，有力促进贫困劳动力就业创业。

就业渠道更加拓宽。引导贫困劳动力通过就地参与项目建设吸纳、扶持创新创业带动、扶持自主创业脱贫、公益性岗位安置等途径实现就地就近就业。强化京津冀扶贫劳务协作，联合北京、天津举办线上线下招聘活动，提高劳务组织化程度。

技能脱贫灵活多样。大力实施职业技能提升行动，开展“岗位＋技能＋贫困劳动力”的职业技能培训。落实百日免费线上技能培训专项计划，实施“互联网＋职业技能培训计划”，深入推进技能脱贫千校行动，促进贫困劳动力提升技能、稳定就业。

山西省：

打造劳务品牌　促进转移就业

山西省将技能扶贫和就业扶贫有机结合，实施培训就业扶贫工程，以技能提升促进就业增收，打响脱贫攻坚战以来，累计培训贫困劳动力63.4万人次，帮助41.58万人转移就业、稳定增收。

全省以“一县一品”为切入点，培育发展地方特色劳务品牌94个，涵盖家政服务、护理护工、烹饪烹调、交通运输、建筑物流等行业，其中有鼓励贫困劳动力通过有组织输出就业的“吕梁山护工”“天镇保姆”“榆社古建”“棋源叉车工”等品牌；有帮助贫困劳动力特别是留守妇女劳动力实现就地就近或居家就业的“繁峙绣娘”“蒲县柳编”等品牌；还有通过培训掌握技能，以实现草根创业带动就业的“晋襄酥烧饼大军”“浮山厨师”等品牌。

山西省广泛开展品牌宣传推介，组织技能培训和劳务输出，对贫困劳动力优先提供培训和就业服务，参加技能培训给予生活费补贴，外出务工给予交通补贴，鼓励和引导贫困劳动力依托劳务品牌外出实现技能就业。

内蒙古自治区：

“六个到位”促贫困劳动力应转尽转

内蒙古自治区狠抓“六个到位”，大力促进贫困劳动力就业，截至2020年年底，全区外出务工就业贫困劳动力19.8万人，高质量完成了就业扶贫任务。

组织保障到位。制定了就业扶贫三年行动方案等7个专项推进政策文件，推动实现“对有培训愿望的贫困劳动力100%提供培训服务、对有就业愿望的贫困劳动力100%提供就业服务、对有创业意愿的贫困劳动力100%提供创业服务”的目标。

精准帮扶到位。建立嘎查（村）、苏木（乡镇）、旗县三级明白账，通过“合作社+扶贫车间+公益性岗位+贫困户”模式，促进贫困劳动力家门口就业。

创业扶持到位。深入推进“创业内蒙古行动”，落实创业担保贷款贴息、创业园孵化基地吸纳就业、创业培训引领三项政策，鼓励贫困劳动力创业实现就业。

京蒙对接到位。京蒙两地人力资源社会保障部门签订扶贫协作框架协议，常态化共享区域间信息，实现劳动力供需信息、培训信息精准对接。

技能扶贫到位。建立培训需求调查台账、培训满意度调查台账、受理培训需求动态变化服务平台技能扶贫“两台账一平台”。组织全区培训机构与贫困家庭“百日结对帮扶”活动，“一对一”开展技能扶贫精准对接服务。

就业服务到位。依托覆盖自治区线下五级公共就业服务体系和“四位一体”就业服务云平台功能，推广“就业创业服务微信客户端+就业扶贫”模式，促进人岗对接。

辽宁省：

用情用心出实招　真情相助真脱贫

“十三五”时期，辽宁省通过完善政策、劳务协作、开发岗位等措施，用情用心用力抓好就业扶贫。截至 2020 年年底，51.4 万建档立卡贫困劳动力在共建共享发展中真脱贫。

出台一系列助力打赢脱贫攻坚战政策举措，编印《辽宁就业扶贫工作手册》，建立了系统覆盖各类生产主体和贫困劳动力就业创业的帮扶政策体系。持续开展送政策、送培训、送岗位活动，线上定时定向发布岗位信息，线下组织开展“春风行动”“就业扶贫行动日”等专项活动，参与企业 4000 余家，提供岗位 41.1 万个，帮助近 3 万名贫困劳动力达成就业意向。全省 41 个承担脱贫攻坚任务的市（区、县）建档立卡贫困人口就业政策享受率 100%，有就业意愿的贫困劳动力 100% 实现就业，有就业意愿的建档立卡贫困家庭高校毕业生 100% 实现就业；累计扶持发展就业扶贫车间等扶贫载体 375 家，吸纳建档立卡贫困劳动力就地就近就业 8984 人；31.1 万名贫困劳动力参加有组织劳务输出；开发 2 万余个乡村公益性就业岗位，安置“无法外出、无业可就、无力脱贫”的贫困劳动力 2.3 万人。

吉林省：

创就业新路　结脱贫硕果

吉林省创新思路，尽锐出战，以促就业助力脱贫攻坚。2020年，全省18.62万名贫困劳动力中务工就业人数达10.73万人。

创新工作平台，实现信息化管理。开发全省就业扶贫信息管理系统，建立全省贫困劳动力就业信息数据库，实行实名制动态管理。

创新工作模式，实现规范化推动。建立贫困劳动力就业创业工作、就业扶贫载体和扶贫公益性岗位“三个台账”；搭建扶贫车间、就业扶贫基地和农民工等人员返乡创业基地“三个载体”；拓宽就地就近转移就业、劳务输出、公益性岗位安置“三个渠道”；完善做好输前、输中、输后“三期服务”；落实职业技能培训、就业扶贫、东西部扶贫劳务协作“三项举措”。

创新政策措施，实现常态化支持。先后制定出台7个政策性文件，涉及贫困劳动力就业创业、公益性岗位、技能培训、扶贫载体、外出务工交通补助等政策20余项。

创新工作机制，实现长效化保障。建立了组织领导、就业监测、精准帮扶及调研督导等一系列工作机制，为就业扶贫与乡村振兴有效衔接奠定了基础。

黑龙江省：

全力以赴　狠抓落实

黑龙江省狠抓责任落实、政策落实、工作落实，全力以赴帮助贫困劳动力就业增收，2020年全省贫困劳动力实现就业19.67万人。

强化组织领导，明确目标任务。成立就业扶贫工作专项推进组，着力完善就业扶贫工作体系，及时下达全省就业扶贫目标任务，对标对表推进各项就业扶贫任务落实落靠。

创新政策举措，加强资金保障。全面核实贫困劳动力就业意愿，精心组织开展“两联三送”专项行动，推动就业和培训服务全覆盖。创新出台并完善了吸纳贫困劳动力就业补贴、技能培训生活费补贴、一次性创业补贴等措施，累计安排资金1.57亿元保障政策落实到位。

突出精准服务，促进充分就业。坚持精准培训，围绕脱贫重点产业发展，开通“技能培训直通车”，累计开展贫困劳动力职业技能培训3.3万人次。强化精准对接，以“春风行动”“就业扶贫行动日”等专项帮扶活动为载体，累计走访贫困劳动力8.5万人，提供就业创业服务35万人次，组织专场招聘活动617次。

上海市：

因地制宜　针对帮扶

5年来，上海市各级人力资源社会保障部门积极落实中央和上海市委的决策部署，自觉担负起脱贫攻坚的政治责任，把“精准”二字贯穿脱贫攻坚工作的始终，取得了良好的工作成效。

提高站位，增强脱贫攻坚的政治自觉和责任担当。坚决贯彻落实习近平总书记指示要求，以高度的政治责任感多措并举开展就业扶贫工作，全力以赴助力打赢脱贫攻坚战。

开拓创新，因地制宜精准对接分类施策。通过服务创新，确保就业扶贫实效；模式嫁接，缓解供需矛盾；创业助力，提升当地脱贫能级；技能扶贫，强化劳动力内生动力，精准对接、精细服务，做到“一地一策、因人施策”。

攻坚克难，全力保障新冠肺炎疫情期间贫困劳动力就业。2020年，上海人力资源社会保障部门按照“六稳”“六保”的工作要求，积极协调解决贫困劳动力返沪就业过程中遇到的问题，创设“底数清、存量稳、扩增量、防遗漏”的就业扶贫工作法，超额完成沪滇、沪遵建档立卡贫困劳动力转移就业和中西部地区贫困劳动力稳岗就业工作任务。

江苏省：
脱贫攻坚　提质增效

江苏省人力资源社会保障厅坚持将就业扶贫作为人力资源社会保障脱贫攻坚的主阵地，扎实推进就业创业扶贫行动，累计帮扶省内43.69万名低收入农户劳动力实现就业创业，输入2.37万名对口地区建档立卡贫困劳动力来苏就业、增收脱贫。

省内扶贫量质齐升。坚持示范引领，创新打造电商就业创业、免费技能培训、就业扶贫车间、岗位开发援助、技校招生培养五大特色化扶贫示范区。强化政企合作，引入优质企业资源参与就业扶贫。支持载体建设，建成103家全国就业扶贫基地。突出志智双扶，建立健全项目制培训制度，加大培训补贴政策扶持力度，积极推广线上培训和家门口培训，以技能促就业。建立脱贫不脱钩就业扶贫长效化工作机制，落实常住地困难人员认定及就业服务制度，稳定和扩大低收入农户劳动力就业规模。

扶贫协作携手共赢。深化拓展与陕西省、青海省西宁市和海东市、贵州省铜仁市等对口帮扶地区的扶贫劳务协作，推进落实劳务协作、订单式培训合作等一揽子协议，持续开展扶贫对接、春风送岗、就业创业基层行活动。2020年，沉着应对新冠肺炎疫情影响，延伸拓展省际合作范围，建立健全跨区域分级响应机制，会同相关部门提供“点对点”返岗复工服务保障，面向湖北推进实施“6+1”扶贫专项行动，成功将88万中西部贫困人口稳在江苏、稳在岗位。

浙江省：
东西协作　四招稳岗

浙江省人力资源社会保障厅通过东西部扶贫劳务协作，帮扶四川等中西部 22 省 213 万建档立卡贫困人员在浙就业，取得了良好成效。

创新招聘模式。采取“线上采集用工信息——线下推送就业岗位”的方式，组织全省各地先后赴对口帮扶地区组织举办劳务协作专场招聘会 785 场，通过各类平台推送就业岗位信息 132.6 万个，帮助 12.5 万人来浙就业。

开发爱心岗位。根据对口帮扶地区建档立卡贫困人员特点，大力开发不讲学历、不讲技能、不讲年龄的爱心岗位。2018 年以来，全省共开发爱心岗位 11.35 万个，吸引来浙就业 2.25 万人。

加强智力帮扶。2018 年以来，全省共赴结对帮扶地区开展智力帮扶活动 1466 场，派出专家 3304 人次。组织建档立卡贫困人员开展月嫂、药膳、电商、缙云烧饼制作等岗前定向培训。2018 年以来累计岗前技能培训 6.8 万人，电商创业培训 6055 人。

加强劳务合作。新冠肺炎疫情发生以来，积极协调劳务输出大省，开展“十省百市千县”省际劳务合作。建立横向双方政府各部门参与，纵向贯通对方省、市、县、乡、村五级的调度机制。打通健康互认、交通运输等堵点，帮助员工安全有序返岗。全省通过包车、包机、专列等方式接返省外员工 97.6 万人。

安徽省：

构建长效机制　助力稳定脱贫

2016年以来，安徽省始终将就业扶贫工作摆在突出位置，拓渠道、挖岗位，千方百计帮助贫困群众找饭碗、造饭碗。2016年以来，安徽省累计开发居家就业岗位69.94万个、扶贫公益性岗位28.53万个；规范认定就业扶贫驿站815个、就业扶贫车间971个，吸纳贫困劳动力就业1.17万人；组织开展技能脱贫培训19.08万人次。2020年年底，贫困劳动力外出就业规模达到179.09万人，形成了“村有当家产业、户有脱贫门路、人有就业岗位”的稳定就业脱贫模式。

强化政策矩阵合力。先后出台《就业脱贫工程实施意见》等政策文件，构建了支持吸纳就业、转移就业、返乡下乡创业、就业扶贫载体扶持等政策矩阵。

常态开展就业服务。每年逐村逐户逐人逐项开展贫困劳动力就业信息摸底调查，制定帮扶计划和措施，做到“一户一方案、一人一措施”。坚持发挥好“春风行动”“就业脱贫服务月”等品牌作用，创新打造“接您回家”“2+N”“空中招聘”等特色品牌，推进贫困劳动力就业帮扶应帮尽帮、应就尽就。

着力促进稳定就业。加强省外劳务输出，开展皖江地区企业与贫困地区劳务对接，支持就近就地就业。实施居家就业、就业扶贫车间、扶贫公益性岗位、就业扶贫基地招募、“2611”定向招工等创新举措，率先建立就业脱贫信息系统，为企业和贫困劳动力搭建精准对接平台，促进贫困劳动力就业增收、稳定脱贫。

福建省：
“挂图作战”助脱贫

福建省人力资源社会保障厅通过研发全省就业扶贫信息监测平台，实现就业扶贫“挂图作战”，推动就业扶贫精准服务，精准分析、精准施策、精准帮扶落实到位，助力贫困劳动力实现就业增收脱贫。截至2020年年底，全省建档立卡贫困劳动力中，有就业意愿15.21万人，100%实现就业；有培训意愿66 206人，100%接收一次以上技能培训；公益性岗位安置13 334人。

建立覆盖全省43.88万贫困人口信息的就业扶贫实名制数据库，研发全省就业扶贫信息监测平台，以热力图表形式动态展现各地就业扶贫工作进展情况，并实行就业扶贫监测月调度通报制度，实现就业脱贫“挂图作战”。

制定出台“就业扶贫数据三摸底、就业扶贫台账三建立、就业帮扶工作三推进”的就业扶贫精准服务工作标准，确保就业扶贫工作扎实推进。

实施精准就业援助。通过“挂图作战”，对全省有转移就业意愿但未就业贫困劳动力，督促县级就业服务机构制定“一对一”就业帮扶计划，送政策、送信息、送服务、送岗位，监测各地新增就业、培训意愿贫困劳动力情况，督促各地对新增对象，加大就业帮扶力度，实现动态清零，监测各地多次推送岗位信息后仍难实现就业的贫困劳动力，对就业能力特别弱的贫困劳动力开发公益性岗位托底安置。

江西省：

“三三六”工作法　抓牢抓实就业扶贫

打响脱贫攻坚战以来，江西省大力实施就业扶贫“三三六”工作法。截至 2020 年年底，全省贫困劳动力总量 171.7 万人，其中 131.5 万人已实现就业。

实施“三纳入”推进机制。将就业扶贫工作纳入江西脱贫攻坚“十大工程”，省政府对市、县高质量发展考核评价和省政府对市、县党委和政府脱贫攻坚工作成效考核指标体系，着力推进。

打造“三支撑”保障机制。一是政策支撑。出台了就业补助资金管理办法、扶贫车间建设及后续帮扶等政策文件。二是资金支撑。统筹整合使用就业补助资金，撬动行业扶持资金和地方奖补资金。三是人员支撑。建立了“省负总责、市县抓落实、乡镇推进和实施”机制，夯实省、市、县就业部门直接抓，行业部门合力扶、帮扶单位倾心帮，驻村干部、帮扶责任人、劳动保障协管理员结对包的攻坚格局。

拓展“六路径”工作机制。一是清底数。构建省级集中的“就业扶贫数据库”，建立贫困劳动力“个人信息档案”、公益性岗位等台账，实行实名制动态管理。二是提技能。强化部门协作，依托技工院校等优势资源力量，针对性地开展就业技能培训。三是扩渠道。建立稳岗就业工作机制，人力资源社会保障、扶贫部门共同组建派出稳岗就业工作专班，推进外出务工转移就业。四是促创业。支持鼓励贫困劳动力创业与培育农村创新创业带头人相结合，加大创业担保贷款扶持力度，降低产业扶贫信贷通政策门槛。2020 年 1—12 月，通过创业担保贷款直接扶持个人创业 13.78 万人次，带动就业 51.43 万人次。五是强服务。应需为贫困劳动力提供岗位信息、技能培训、就业援助等服务。六是精指导。制定《就业扶贫工作指南》，加强市、县业务工作指导。

山东省：

建车间　兴劳务　广开增收渠道

打响脱贫攻坚战以来，山东省广开扶贫车间等贫困人口家门口就业渠道，贫困劳动力务工人数每年保持在40万人左右，占有劳动能力和就业意愿贫困人口总数的90%以上，2018年以来连续三年实现贫困劳动力外出就业规模不少于上年。

首创扶贫车间。建立扶贫车间，帮助劳动能力偏弱、无法外出务工的贫困人口在家门口就业增收。全省建成扶贫车间3437家，累计吸纳贫困人口就业2.79万人次。

广设互助扶贫公益岗位。率先开发养老等互助扶贫公益岗位，选聘有劳动能力的居家贫困妇女与贫困失能老人结对互助，实现贫困妇女就业不出村，贫困老人养老不离家。全省开发扶贫公益性岗位6.9万个，其中互助扶贫公益性岗位1.2万个。

兴办创业扶贫工坊。组织发动优质企业、成功返乡创业者、农村致富带头人等开设创业扶贫工坊，为贫困劳动者开展电商、农产品加工、手工艺制作等项目提供创业指导、融资、跟踪扶持等服务。全省开设创业扶贫工坊2000余家。

组建劳务扶贫合作社。通过“村两委＋合作社＋贫困劳动力”“经济组织＋合作社＋贫困劳动力”模式，实现贫困劳动力统一培训、统一务工，全省设立“劳务扶贫合作社”近百家。

河南省：

打好扶贫硬仗　助力中原出彩

5年来，河南省人力资源社会保障厅全力打好就业扶贫硬仗，贫困劳动力就业人数由2015年底的73.02万人增长到2020年的205.42万人。

完善政策支持体系。提请省委、省政府出台转移就业脱贫实施方案等5个政策性文件，制定转移就业支持脱贫攻坚、全面落实困难群众社会保障等26个政策性措施。

聚焦就业精准发力。针对半、弱劳动力的特点，开展助盲就业脱贫技能培训，帮助20.7万名残疾人实现就业。针对易地扶贫搬迁群众的特点，发挥858个安置点靠县城、靠园区、靠乡镇、靠乡村的优势，帮助12.96万名贫困劳动力就业。针对存在返贫致贫风险的10.29万名脱贫人口和14万名边缘人口，开展“一对一”帮扶，确保及时上岗就业。全省累计开展贫困人口技能培训181.37万人，2015年年底因缺技能致贫的36.11万人在2020年年底前全部脱贫。

创新方法破解难题。在公益性岗位管理上实现年龄上限、岗位期限、工伤保障“三个突破”，解决了公益性岗位乱设虚设、多头管理的问题。积极应对新冠肺炎疫情影响，创新实施输出有组织、健康有监测、承运有防护、送达有交接、全程可追溯“四有一可”模式，帮助33.19万名贫困劳动力如期返岗。积极应对农民工返乡回流风险，开展就业创业扶贫百日攻坚，出台稳定和扩大贫困劳动力就业创业12条措施，帮助返乡回流贫困劳动力实现再就业。

湖北省：

帮助群众端稳增收“饭碗”

近年来，湖北省人力资源社会保障厅始终把就业扶贫作为管长远立根本的重要举措，让贫困群众端稳就业增收的“铁饭碗”。截至 2020 年年底，全省贫困劳动力外出就业 204.8 万人。

组织劳务协作输出就业。组织实施省内“县内对人、市内对村、省内对县”和省外对发达省市的四级劳务对接模式，全省 37 个贫困县实现了劳务对接全覆盖，新冠肺炎疫情期间，“点对点、一站式”组织贫困劳动力返岗就业。积极开展“6+1”劳务协作行动，积极组织贫困人员外出务工。2020 年年底，在 6 省市务工的湖北籍贫困劳动力 64.45 万人，占湖北省省外务工人数的 77.37%。

建立扶贫车间引导家门口就业。鼓励、引导劳动密集型企业到乡到村建立扶贫车间，将扶贫工厂、家庭作坊、产业基地延伸到贫困群众家门口，有效带动有劳动能力的农村建档立卡贫困人员脱贫致富。2020 年年底，我省 1354 个扶贫车间共吸纳贫困劳动力 18 136 人就业。

扶持创业项目带动就业。实施农家乐精准扶贫创业项目，对贫困人员创办农家乐给予资金扶持，对企业吸纳贫困人员就业给予补贴。实施返乡创业三年行动计划，吸引能人返乡创业，吸纳贫困人员就业。

开发公益性岗位安置就业。将有劳动能力和就业愿望的贫困人员作为就业困难人员纳入就业援助对象范围，通过开发公益性岗位安置，给予岗位补贴和社会保险补贴。2020 年年底，4 万余名建档立卡贫困人员在公益性岗位实现安置就业。

湖南省：
“1143”模式巩固脱贫成效

湖南省人力资源社会保障厅坚持“1143”就业扶贫模式，高质量推动就业扶贫。截至 2020 年年底，全省外出务工贫困劳动力 232.48 万人，其中省外务工 115.94 万人。

搭建“两个平台”，促进精准对接。在线上，依托“省劳务协作脱贫综合信息服务平台”与“湘就业”微信公众号，推动人岗高效精准对接。在线下，建立湖南省贫困劳动力劳务协作市场，为贫困劳动力提供稳定的现场求职通道，2020 年累计为贫困劳动力提供岗位推荐 162.6 万人次。

拓宽“四个渠道”，扩大就业增收。持续深化省际省内劳务协作，大力推进就业扶贫基地和就业扶贫车间等扶贫载体建设，完善“创业培训 + 创业补贴 + 创业担保贷款财政贴息 + 创业孵化场地”四创联动服务，加强就业扶贫特岗托底安置，累计帮扶 149.2 万名贫困劳动力实现就业。

优化三项服务，巩固脱贫成效。每年为有就业意愿且未就业的贫困劳动力提供 3 次岗位信息、1 次职业指导、1 次免费技能培训信息。推进劳务经纪人专人服务。建立农村劳务经纪人队伍，推介“政府 + 劳务公司 + 劳务经纪人 + 贫困劳动力”四位一体服务模式，打通就业扶贫的“最后一公里”。开展公共就业专项服务。依托各类专项活动，提供招聘服务。到 2020 年年底，全省已配备 1.96 万名农村劳务经纪人，总计为贫困劳动力提供各类服务 348.9 万人次。

广东省：

主动担当　攻坚克难

自 2016 年以来，广东省人力资源社会保障厅深入贯彻脱贫攻坚方略，勇挑重担，2020 年外省在粤贫困劳动力 387 万人，占全国跨省务工贫困劳动力总量的 1/3 以上。

统筹谋划周密部署。成立稳岗就业专班，对扶贫协作 6 省区“一省一策”帮扶，出台稳岗就业 12 条、攻坚行动 8 条，开展专项督导，压紧压实责任。

精密组织转移就业。新冠肺炎疫情发生后，及时与 7 省区签订备忘录，畅通外省劳动力入粤渠道；开行专列 12 趟、专车 2700 余班次，接回 8.9 万名贫困劳动力，示范带动各地有组织接回 91.7 万名外省贫困劳动力。

精准摸清服务底数。通过与社会保障、公安、政务、通信数据比对，以及电话联系、实地走访、短信引导，多次摸排贫困劳动力，动态掌握人员分布，夯实精准服务基础。

主动精准开展服务。实施岗位储备、裁员申报、劳动关系与就业服务协同“三个机制”，技能培训和兜底安置“两项制度”，储备岗位超 35 万个，培训 42.9 万人次，创建扶贫安置基地 60 多家、扶贫车间和工作坊 1100 多个，组织线上线下招聘活动近 3000 场。

推动落实就业政策。落实就业服务专员 1100 余名，主动上门“一对一”开展政策宣讲和服务落实。省市联动多次组织开展“送政策、送资金、送技工”援企稳岗活动，保障贫困劳动力稳定就业，在粤稳定就业率超 90%。

广西壮族自治区：

拓渠道 强组织 兜底线

广西壮族自治区人力资源社会保障厅作为全国脱贫攻坚的主战场之一，5 年来聚焦拓渠道、强组织、兜底线，精准推进就业扶贫工作。截至 2020 年年底，广西壮族自治区 54 个贫困县全部摘帽，贫困人口全部实现脱贫，外出务工贫困劳动力数量达 268 万人，已实现全区 16.07 万户有劳动能力且有就业意愿的贫困户一户至少一人就业的目标。

大力拓宽就近就地就业渠道。鼓励和支持企业在有条件的乡镇、行政村、易地扶贫搬迁集中安置点建设就业扶贫车间，吸纳贫困劳动力就近就地就业。截至 2020 年年底，全区累计认定就业扶贫车间 4582 家，吸纳 27.21 万人就业，其中贫困劳动力 4.67 万人；累计投入 2.9 亿元资金建成农民工创业园 38 个，累计提供岗位 6.39 万个，带动包括贫困劳动力在内的农村劳动力就业 3.76 万人。

着力提高转移就业组织化程度。深化粤桂劳务协作，促进贫困劳动力实现就业。自 2017 年以来，32.81 万名广西籍贫困劳动力到广东省务工，直接组织输送 10.95 万人；广东省向广西壮族自治区提供用工企业 2.29 万家，提供就业岗位 125.9 万个，

全力托底安置特殊困难的贫困劳动力就业。开发农村保洁、扶残助残、养老护理等一批扶贫公益性岗位，帮扶大龄、残疾、难以外出就业的贫困劳动力就业。创新开发村级临时性扶贫岗位及以“定岗不定人”的非固定性村级扶贫公益性岗位，为更多贫困劳动力提供临时性就业机会。至 2020 年年底，全区累计开发扶贫公益性岗位安置贫困劳动力 20 余万人。

海南省：

扶贫解民忧　精准促增收

5 年来，海南省不断优化就业帮扶政策体系，促进贫困劳动力稳岗就业，认定就业扶贫车间（基地）274 个，开发扶贫公益专岗 33 530 个。

建立完善“一套体系”。形成一套涵盖支持创业带动就业、托底帮扶就业等的就业创业政策体系；提出开发公益性岗位、鼓励贫困劳动力外出务工、开展技能培训和自主创业等方面的措施 60 余项。

有效把握“两个抓手”。以开发应用就业扶贫信息系统为抓手，将全省建档立卡贫困户全部纳入信息化管理，动态掌握贫困户就业培训情况和需求。以职业技能培训为抓手，确保贫困劳动力应培尽培。新增网络直播销售、电子竞技、免税品导购等 25 个专项职业能力考核项目，积极培育“定安护工”“儋州月嫂”等特色劳务品牌，不断提高贫困劳动力技能素质。

聚焦聚力“三项重点”。重点拓展就地就近就业渠道，建设就业扶贫车间（基地），支持返乡创业带动就业。重点开展有组织劳务输出转移就业，在外出务工量较大的广东省设立 14 个就业服务站，为贫困劳动力输出和稳岗就业提供服务保障。重点对无法离乡、无业可扶、无力脱贫的建档立卡贫困群众，开发扶贫公益专岗托底安置就业。

重庆市：

让贫困人员出得去、稳得住、留得下

打响脱贫攻坚战以来，重庆市以“出得去、稳得住、留得下”为目标，精准施策，帮助贫困劳动力外出务工和稳岗就业。截至 2020 年年底，全市 76.17 万名有就业能力、就业意愿贫困劳动力实现就业应转尽转。

精准摸清就业需求。开发贫困劳动力就业状况和就业需求手机版调查系统，对全市贫困劳动力进行摸底，真正做到贫困劳动力就业需求精准到村、到户、到人。

精准搭建政策体系。量身定制 18 条就业扶贫专项补贴政策，构建“个人 + 企业 + 中介机构”共同推动就业扶贫的政策体系。

精准开展就业服务。累计建成 436 个扶贫车间，吸纳贫困劳动力 4029 人，年均向贫困人员发放创业担保贷款超过 1 亿元，年均发放就业扶贫政策资金超过 1.5 亿元，累计惠及全市贫困劳动力超过 100 万人次。

精准整合社会力量。充分发挥市场作用，与顺丰、滴滴等企业联合开展“数字经济促脱贫行动”，吸纳 4546 名贫困人员就业；与中国铁路成都局集团公司联合开展“铁路就业脱贫行动”，招录 1000 名贫困学生实行专项培养、定向就业。

精准推进战疫战贫。新冠肺炎疫情防控期间，对贫困劳动力优先采集意愿，优先组织返岗，鼓励优先聘用，兜底优先安置，促进有就业能力、就业意愿贫困劳动力应出尽出。

精准开展技能培训。将贫困劳动力技能培训纳入职业技能提升行动，结合贫困区县地域和产业特点，开设 141 个特色职业（工种）技能培训，累计组织贫困人员就业技能培训超过 20 万人次。

四川省：

综合施策　精准发力

四川省人力资源社会保障系统始终坚持把就业扶贫作为首要的政治任务，综合施策、精准发力。截至2020年年底，全省贫困劳动力转移就业规模达228.6万人。

四川省创新出台就业扶贫政策文件，将贫困劳动力纳入就业困难人员援助范围，与城镇人口享受同等就业促进政策，针对全省秦巴山区、乌蒙山区、大小凉山彝区、高原藏区四大连片贫困区不同特点，分别召开现场推进会，在88个贫困县推行“任务完成、过程问题、工作责任”3张清单，实行跟踪问效、分类指导。

在全省11 501个贫困村统一建立了贫困劳动力实名制登记数据库和基础信息、就业培训、转移就业、自主创业、公益性岗位安置5个名单，并实行动态更新。

通过“农民夜校”“扶贫专班”“异地培训”等平台，采取“送下去”“请上来”“走出去”并行，开展农村实用技术、职业技能等免费培训，实施深度贫困地区技能培训全覆盖。5年来，累计为81.9万名贫困劳动力提供技能培训。坚持鼓励就地就近就业和推动劳务输出并重，形成载体吸纳、创业带动、劳务输出、公岗安置四条就业扶贫主要渠道。建成就业扶贫载体2000余个，18.2万名贫困劳动力通过组织化输出实现外出务工，26.9万名特困劳动力通过公益性岗位得到公岗兜底安置。

贵州省：

抓关键　强政策　优服务

近年来，贵州省人力资源社会保障厅坚持强政策、优服务、兜底线，做好就业扶贫工作。截至2020年年底，全省贫困劳动力外出务工320万人；全省40.66万户有劳动力搬迁家庭已实现一户至少一人就业。

稳住基本盘。积极与对口帮扶城市沟通对接，充分发挥全省168个劳务协作工作站作用，同时强化省内劳务公司培育和支持力度，不断扩大有组织劳务输出规模。指导各地与对口帮扶城市和黔籍务工人员相对集中城市签订稳岗备忘录、劳务合作协议253份，加强联动形成合力，确保在外务工人员稳在当地就业。

抓住关键点。聚焦深度贫困县和极贫乡镇开展挂牌督战，将人才、政策、资金打包倾斜，助力脱贫摘帽。依托“两委一队三个人”等力量进村入户实地调查，精准摸清贫困劳动力就业情况并动态更新，制定有针对性的帮扶计划，精准施策。建立健全劳务就业扶贫大数据平台，围绕“八个一批”多渠道、多方式、多形态增加就业岗位。

聚焦产业链。依托12大特色优势产业，发挥农村产业革命就业“蓄水池”作用，深入实施就业政策，引导市场主体优先安置贫困劳动力就业。2019—2020年共认定省级先进就业扶贫车间（基地）533个、省级就业扶贫示范基地51个，兑现资金奖补1317万元，发挥就业扶贫载体示范带动作用。

提升竞争力。统筹实施农民全员培训、职业技能提升行动两个三年计划，建立贵州省农民全员培训电视点播频道系统，开创感恩培训、政策培训、技能培训、方法培训和示范培训。5年来，全省各级各部门累计完成农村劳动力培训331.44万人次。

筑牢兜底线。统筹开发公益性岗位，优先安置就业困难的贫困劳动力就业。截至2020年年底，全省城镇公益性岗位在岗7.13万人。

云南省：

就业脱贫　一个民族都不能少

云南省人力资源社会保障厅针对边疆少数民族地区贫困人口多，技能素质弱、外出务工少的实际，提出了“加强转移就业脱贫一批”的工作思路。全省人力资源社会保障部门按照“培训一人、就业一人、脱贫一户”的思路，全面实施农村劳动力转移就业扶贫行动计划。截至 2020 年年底，全省实现农村劳动力转移就业 1515.52 万人，建档立卡贫困劳动力转移就业 318.19 万人。

2020 年以来，云南省及时组建省、州、县三级人力资源社会保障部门抗疫情稳就业指挥部。发动 4.6 万人全面摸清劳动力信息，组建 3286 名人力资源社会保障服务专员对接企业用工需求，用好线上、线下渠道组织招聘活动，协调专车 14 108 辆、专列 120 列、包机 37 架次，“点对点、一站式”输送服务 62.16 万人，派出 69 个稳就业工作组赴长三角、珠三角地区靠前稳岗，建立省内用工调剂机制调余补缺，抓实转移就业扶贫全链条工作。在易地扶贫搬迁集中安置点设立服务站（点）761 个、服务窗口 571 个，认定就业扶贫车间 2508 个，开发乡村公益性岗位 44.31 万个，为夺取脱贫攻坚战的全面胜利贡献了人力资源社会保障力量。

西藏自治区：
“就业扶贫 +”巩固脱贫成效

西藏自治区实施“就业扶贫 +”专项行动，充分发挥就业扶贫促脱贫、稳脱贫的作用。5 年来，贫困群众技能培训效果不断上升，培训后就业率达 79.99%；外出务工人数不断刷新，转移就业人次达到全区贫困劳动力总数的 1.08 倍。

“就业扶贫 + 转移基地”。在全区建立了青稞种植、牦牛育肥、旅游文化等 652 个农牧民转移就业基地，依托基地累计吸纳 7 万名贫困群众稳定就业。

“就业扶贫 + 精准培训”。大力推进“企业订单、培训对象选单、培训机构列单、政府买单”和“以工代训”的精准培训模式，实现培训即就业，累计培训贫困劳动力 18.51 万人。

“就业扶贫 + 劳务组织”。大力推进贫困群众组织化转移，累计发展 7000 余个农牧民务工联队、劳务经纪人、劳务输出组织，组织化输出贫困群众人数占转移就业人数的 52%。

“就业扶贫 + 易地搬迁”。对易地扶贫搬迁、极高海拔生态搬迁群众建立就业扶贫专项台账，3000 人以上易地扶贫搬迁点设立就业扶贫专干，累计帮助 10.5 万名搬迁群众就业脱贫。

“就业扶贫 + 结对帮扶”。建立贫困家庭高校毕业生“一对一”帮扶机制，专人负责、定向推荐，连续四年实现有就业意愿贫困家庭高校毕业生 100% 就业。

“就业扶贫 + 观念引导”。实行“公共课扶志”和“专业课扶智”，制播《就业启航伴你同行》宣传片，贫困群众主动参加职业技能培训人数占比 80% 以上。

陕西省：

实现“零就业”贫困户动态清零

陕西省人力资源社会保障厅坚决贯彻党中央国务院脱贫攻坚重大决策部署，创新政策，精准服务，促进全省有劳动力的112.26万贫困户外出务工210.23万人，保持“零就业”贫困户动态清零。

采取当地企业吸纳、建设社区工厂、培育就业扶贫基地、公益性岗位安置等措施扶持就业，并建设百县千镇标准化创业中心1137个、信用乡村367个，扶持创业脱贫。全省共帮扶162万人在省内就业创业，占贫困劳动力就业总数的77%。

签订苏陕劳务协作对口合作协议54个，帮扶转移就业4.83万人。建立村级劳务扶贫服务公司2660个，在大型易地扶贫搬迁安置点设立公共就业服务站243个，在陕南建立28个公益性劳务输出站，将“职介所”设在贫困群众家门口。全省共帮扶48万名贫困劳动力赴省外务工。

设立贫困劳动力培训生活费和交通费补贴，调动组训参训双方积极性。围绕提升培训就业成效，实行梯级培训补贴政策，推广产业就业融合培训模式，创新组织技工院校与县区合作培训，实施以工代训，累计培训贫困劳动力46万人次。

甘肃省：

以劳务输转支撑脱贫增收

“十三五”以来，甘肃省把就业扶贫作为打赢脱贫攻坚战的关键一招，坚持优先促进贫困劳动力转移就业，千方百计保障贫困群众增收。5年来，全省共输转城乡富余劳动力2600多万人次（其中贫困劳动力近650万人次），实现劳务收入5600亿元；完成精准扶贫劳动力培训213万人次；建成扶贫车间2546个，吸纳劳动力就业10.3万人，开发各类农村公益性岗位30.5万个，有力解决无法外出务工贫困群众的就业增收问题。

2020年，按照国家“六稳”“六保”总体部署，甘肃省在全国较早出台稳就业“33条”、保居民就业“24条”等政策，人力资源社会保障部门坚持稳就业与就业扶贫双轮驱动，凝聚全系统之力稳岗位、促输转、保就业。甘肃省省长在《甘肃省政府工作报告》中指出：2020年，优先组织贫困劳动力外出务工和返岗就业，贫困劳动力稳定务工就业189.9万人，有效对冲疫情灾情影响，为夺取脱贫攻坚战全面胜利发挥了决定性作用。国务院扶贫开发领导小组督查组将甘肃省就业扶贫列为甘肃扶贫工作6条经验之一，甘肃省人力资源社会保障厅有关负责同志先后在“2020年就业扶贫论坛”和国务院新闻办公室举行的就业扶贫实施有关工作情况和主要成效新闻发布会上介绍了甘肃省在就业扶贫工作方面的经验成效。

青海省：“强、精、清、拓、送”保劳务增收

青海省突出“强、精、清、拓、送”帮助贫困劳动力就业增收，有效巩固脱贫成果。青海省26万名贫困劳动人口中，17.8万人已实现就业，年均劳务增收6000元以上。

强政策聚焦合力。坚持就业政策向扶贫聚焦，会同有关部门制定做好易地搬迁就业帮扶工作、开发扶贫公益性岗位等政策。

精谋划统筹布局。逐级分责任、定目标、建机制，实施年度工作方案，开展“补针点睛”“巩固提升”等专项行动，指导各地建台账、定措施、补短板、强弱项。

清底数靶向发力。开展贫困劳动力就业意愿、就业情况等调查研究，建立贫困劳动力转移就业和就业意愿、跨省转移就业人员、已脱贫户和边缘户劳动力转移就业现状、就业需求“四个清单”，开展贫困劳动力就业情况电话问卷调查，切实做到人员底数清、劳动能力清、就业状态清、外出意愿清。

拓渠道扩大规模。形成“化隆牛肉拉面”“海西枸杞采摘”等18个具有区域特点的劳务品牌，成为贫困劳动力就业增收重要渠道。青海省群众在省内外开办拉面店3.2万家，从业人员19万余人，带动贫困劳动力就业2万余人。

送服务力求实效。开展送政策、送岗位、送补贴、送培训“四送”服务活动，将线上线下就业服务延伸至乡镇、村社，每年举办各类专项服务活动300余场次，提供就业服务近80万人次。

宁夏回族自治区：
“铁杆庄稼保”助力就业脱贫

农村劳动力转移就业已是宁夏回族自治区实现就业脱贫的一项重要举措。目前，宁夏回族自治区每年转移就业约 75 万人，转移就业收入约占农村居民收入的 40%~70%，已成为我区农村居民特别是建档立卡贫困居民收入的主要来源，被老百姓形象地称为“铁杆庄稼”。

为解决农村转移就业人员特别是建档立卡贫困劳动力外出务工期间因意外人身伤亡事故致贫、返贫以及救助缺乏连续性等问题，宁夏回族自治区创新提出由农村转移就业人员自愿购买、政府给予补贴的“铁杆庄稼保”政策（购买 50 元意外伤害保险，其中政府补助 35 元，个人承担 15 元）。在农村转移就业人员外出务工期间因意外伤害导致身故、伤残的，由保险公司按照规定进行理赔，身故的家庭可得到一次性赔偿金 26 万元，伤残的每年可得到一定比例赔偿金。

“铁杆庄稼保”为农村转移劳动力外出务工上一道“安全锁”。“铁杆庄稼保”政策实施以来，宁夏回族自治区累计参保近 39 万人，17 名农村转移劳动力外出务工期间因意外伤害得到承保商业保险公司理赔 325 万元。

新疆维吾尔自治区：
凝心聚力　扎实推进转移就业

新疆维吾尔自治区聚焦南疆四地州 22 个深度贫困县，大力推动贫困劳动力转移就业，实现了有劳动能力且有就业意愿的贫困人口全就业。

抓规划，促落实。聚焦 22 个深度贫困县建档立卡贫困家庭劳动力，通过发展乡村产业吸纳就业，推动项目建设促进就业，支持返乡创业带动就业和季节性务工，以及疆内跨地区就业和到内地就业，帮助贫困劳动力增收。3 年来，22 个深度贫困县贫困劳动力实现转移就业 22.7 万人。

攻堡垒，促脱贫。2020 年，聚焦最后 4.21 万户 16.58 万未脱贫人口，因人施策、精准帮扶，实现了有劳动能力的未脱贫人口就业全覆盖。

强技能，促就业。围绕产业发展和市场需求开展订单、定向、定岗培训，提高劳动者素质和技能。

抓管理，促精准。建立实名信息管理系统和监测预警平台，对贫困劳动力就业过程进行动态管理，对贫困劳动力就业情况实行动态监测，做到“基本情况清、能力素质清、就业去向清”。

抓服务，稳就业。建立促进稳就业常态化工作机制。通过线上线下招聘会等形式为贫困劳动力自愿就业、自由择业提供信息服务；落实贫困劳动力在就业地住房保障、配偶随迁就业、子女就学入托和落户等方面的政策，帮助贫困劳动力融入就业地工作生活。

新疆生产建设兵团：
优政策　促转移　兜底线

“十三五”以来，新疆生产建设兵团聚焦突出问题，强化责任落实，多措并举帮扶贫困劳动力多渠道就业，全力做好巩固脱贫攻坚成果工作。

优化政策稳就业。印发《打赢人力资源社会保障扶贫攻坚战三年行动方案》等政策文件，进一步细化实化促进贫困劳动力就业创业举措。新冠肺炎疫情防控期间，出台贫困劳动力自主创业补贴政策，为 95 名自主创业贫困劳动力发放一次性创业补贴、一次性房租补贴 110.41 万元。

强化转移促就业。加强与扶贫部门工作对接，动态掌握建档立卡贫困劳动力就业和失业情况，组织实施“一户一就业”专项行动，就近就地收集纺织服装企业、田间管理等用工岗位，累计帮扶 4722 名贫困劳动力实现转移就业。围绕兵地融合发展，加强兵地对接，接收 1497 名自治区贫困劳动力到兵团就业。

开发公岗保就业。结合脱贫攻坚和乡村振兴战略，有序开发连队（村）保洁、公厕管护等公共服务类岗位，持续加大对贫困劳动力帮扶。2020 年年底，人力资源社会保障部门通过开发公益性岗位兜底安置 731 名贫困劳动力就业。

市（区、县）典型做法

北京市东城区：

脱贫攻坚　暖心家园

北京市东城区与受援地区不断深化劳务协作、扩大服务范围，创新建立了“在京务工人员之家”，目前已与河北省张家口市崇礼区、内蒙古自治区兴安盟阿尔山市、西藏自治区当雄县等7个地区搭建起交流服务平台，帮助受援地区贫困人口在京稳定就业，防止回乡返贫。

一、深入调查研究，找准就业扶贫切入点，创造性地提出建设对口帮扶地区“在京务工人员之家”构想

随着对口帮扶工作的逐步推进，东城区人力资源和社会保障局通过深入调查发现，贫困人口关于就业脱贫存在较为突出的“两种意愿”：一是受援地区的贫困人口因身体条件、家庭情况、技能水平所限，就近就地就业的愿望比较强烈；二是已经外出务工的贫困人口更希望能在东部大城市稳定就业，学到更多技能，获得更高收入。大城市在接纳外来务工的贫困人口时要充分考虑以下实际情况：

（一）贫困人口到大城市务工对于打赢脱贫攻坚战具有重要意义。大城市工作机会多，收入水平相对较高，“一人就业，全家脱贫”；外来务工人员在大城市学习先进的理念和技能，积累基本的资金技术可以为回乡创业打下良好基础。

建设对口帮扶地区“在京务工人员之家”

（二）城市对于外来务工人员的公共服务还存在短板。地方政府提供的公共服务主要面对辖区的常住人口，外来务工人员来城市工作后抗风险能力差，个人权益受到侵犯时难以及时维权。

（三）加强对外来务工人员的服务和管理对大城市建设有积极意义。大城市建立相应机构有利于规范劳务市场，促进劳动力的合理流动，还可以引导合法维权，避免引发群体性事件。

创建对口帮扶地区“在京务工人员之家”平台，对于精准帮扶解决受援地区贫困人口在京务工遇到的痛点难点问题，具有针对性和必要性。

二、对接在京务工人员实际需求，提供“职业介绍、技能提升、劳动维权”三类服务

（一）职业介绍服务。广泛收集、开发适合外来务工人员的就业岗位，提供职业指导服务，通过公众号、微信群等形式定期向在京务工人员推送就业岗位信息，开展有针对性的专场招聘洽谈活动；为失业或想转换职业的在京务工人员提供优质岗位信息，帮助他们尽快找到新的工作，提高就业质量。

（二）技能提升服务。充分利用辖区优质培训资源，开展普及化、渐进式的职业技能培训，鼓励在京务工人员通过培训提高自身技能水平，提升就业竞争能力，从而获得更高收入。

（三）劳动维权服务。定期向在京务工人员开展人力资源和社会保障相关法律法规的普及宣传，增强其自我保护意识；根据需求开展专题咨询，协助其在社会保险、工资待遇、劳动合同、工伤认定等方面维护合法权益。

三、畅通内部流程、谋划长效机制，建立“四个一”工作模式

“一库”即人员信息库。详细统计对口帮扶地区在京务工人员信息，建立包括就业地区、工作单位、技能水平、是否建档立卡贫困人员等内容的工作台账；通过与对口帮扶地区就业部门共享信息，及时动态掌握在库人员情况，同时制定“人员信息库管理办法”，确保信息安全。

“一册”即工作宣传册。将“在京务工人员之家”建设的目的意义、运行模式、服务内容、联系地址、联系电话等内容编撰成册，发放给在京务工人员，让他们能迅速对“在京务工人员之家”有一个感性认识。

“一专线”即设置专线电话。安排工作人员专岗值守，保证在京务工人员能随时与“家”取得联系。为提高服务质量，专门编制了《在京务工人员之家咨询服务简答手册》，明确 13 种规范用语和 18 个高频问题的答复意见。

“一平台”即管理服务平台。建立内部运行响应机制，设计了运转高效的接待服务流程，充分调动劳动监察、仲裁、社保、工伤等职能部门力量，全力做好服务。对在京务工人员的每次来访来电均做好记录，跟踪办理情况，确保每个帮扶需求事事有回音、件件有落实。

“在京务工人员之家”成立以来，在库人员已达到 1472 名，其中建档立卡贫困人员 66 名。前期已通过微信、电话、发放宣传册等多种方式推送发布岗位信息 800 余条，服务 500 余人次，向近百名在京务工人员提供了插花技能培训、劳动争议维权、子女上学、社保缴费、工作居住证办理等方面的咨询和服务。针对外来务工人员还举办了专场招聘会和政策咨询会，获得了在京务工人员的一致好评。

新华社、人民网、北京电视台、法制晚报、新京报等多家媒体对“在京务工人员之家”进行了宣传报道，“在京务工人员之家”荣获“北京市扶贫协作奖”。“在京务工人员之家”相关案例文章《北京市东城区打造脱贫温暖家园　促进稳定就业》入选“2019 年全国人社扶贫典型案例”，东城区职业能力建设指导中心也凭借“在京务工人员之家”工作的突出表现，于 2020 年获评“全国农民工工作先进集体”。

北京市朝阳区：

“设站布点” 打通就业扶贫“最后一公里”

自2018年北京市朝阳区与河北省张家口市阳原县开展结对帮扶以来，共计促进了2.8万余名建档立卡贫困劳动力实现就业，打通了就业扶贫“最后一公里”，使阳原县的就业脱贫工作实现了质的飞跃。包括阳原县在内，朝阳区对口帮扶了河北、新疆、内蒙古三省（自治区）共5个县及新疆生产建设兵团第14师47团，总贫困人口达到28.16万人。这些贫困地区除了贫困规模大、程度深，经济发展能力弱之外，还受资金、人员、地域等限制，在就业脱贫工作中普遍存在就业帮扶难以深入乡村、无法对贫困劳动力提供精准服务等问题，导致就业脱贫工作难以实现突破。为了打通就业扶贫的“最后一公里”，朝阳区在工作中逐渐总结经验，走出了一条通过与贫困地区共同“设站布点”，实现“精准施策、精准培训、精准就业、精准扶贫”四精准的道路，取得了显著成效。

一、“设站布点”精准施策

针对贫困地区现状和建档立卡贫困劳动力特点，朝阳区制定了《关于进一步加强劳务协作扶贫工作的若干措施》，通过与贫困地区共同建立就业帮扶工作站，继而合作开发就业岗位、实施技能培训等，统筹推动就业扶贫工作。朝阳区每年支出1000余万元劳务协作专项经费，帮扶对口支援地区建档立卡贫困劳动力实现就业脱贫。

正是在这一系列政策的引领下，河北省阳原县改变了以往“就业帮扶难下村”的局面。2018年年底，“朝阳区与阳原县劳务协作帮扶工作站”（以下简称“工作站”）正式设立。工作站由阳原县、朝阳区分别安排专人共同负责，全面统筹两地劳务协作帮扶工作，同时，朝阳区人力资源服务机构还不定期进站开展人力资源服务。在工作站统领下，按照“1村1人”的比例，阳原县的每个村都设立了就业扶贫公益性专岗，具体负责摸清本村建档立卡贫困劳动力的就业失业状况，掌握就业、技能培训需求，并按照工作站要求跟踪提供就业、技能培训帮扶，由朝阳区给予岗位补贴。

“一站多点”的设置真正把政策和服务送到了建档立卡贫困劳动力的手中。现在，阳原县每个村的扶贫工作者都建立了自己的微信群，定期把北京和当地的就业政策、就业岗位发送到村里每个人的手中，同时把劳动力的就业意愿和培训需求收集上来，反馈到朝阳区和阳原县人力资源社会保障部门，通过建立“需求清单、供给清单、责任清单、效果清单”，真正做到了精准帮扶。三年来，阳原县就业扶贫公益性专岗工作人员已经发布就业、培训信息千余次，推送各类就业岗位3.7万个，促进就业近万人。

二、“设站布点”精准培训

“设站布点”加速推进了扶贫扶智工作，让培训更为精准。工作站动员当地龙头企业、职业技术学校创建了9个劳务实训基地，为当地建档立卡贫困劳动力提供技能培训和实操训练的平台，每培训一名建档立卡贫困劳动力，朝阳区就给予800元的培训补贴。

河北省唐县许多贫困劳动力正是得益于这些为他们量身定做的培训政策，放下锄头，开始走进课堂学习技能。郭敏卿是唐县王京镇东建阳村村民，46岁，之前在唐县实训基地接受月嫂培训，学习为新生儿洗澡和换尿布等技能。后来，郭敏卿又和她的同学参加了护理老人及保育等技能培训。培训结束后，她在北京找到工作，月工资5000元，谈到未来时，她很期待："据我了解，现在北京对月嫂的需求非常大，月嫂的月均工资每年都会上涨。"

王小青来自内蒙古自治区卓资县旗下营青山村，39岁，因为孩子生病，家里生活十分困难，2019年3月他在卓资职业中学技能培训合格后，成为内蒙古卓越高新材料有限公司的一名操作工，现在他每月收入5000元。"再也不用向亲戚借钱给孩子看病了，靠着学到的技术，我不仅能挣钱给孩子治病，还能让家人过上好日子。"王小青很自豪。

支持唐县开展就业扶贫育婴员培训

家政服务、电焊工操作等培训只是受援贫困地区开展精准培训的缩影，熏鸡制作、中餐烹饪、种植养殖、手工编织、电子商务等一系列适合当地、迎合市场需求的培训正在受援贫困地区如火如荼地开展。自"设站布点"以来，朝阳区与受援贫困地区已开办各类培训班366期，培训建档立卡贫困劳动力13 590人，培训后实现就业10 151人。贫困家庭成员脸上的笑容、逐渐鼓起来的腰包，是开展技能培训助力脱贫的最好见证。

三、"设站布点"精准就业

"设站布点"让朝阳区更充分地了解了贫困劳动力真实的需求和现状，使就业帮扶更加精准。齐铁虎来自河北省唐县，对大城市很向往，但又怕自己无法适应大城市的生活和工作，迟迟不敢走出来。2018 年，他通过朝阳区在唐县举办的专场招聘会，顺利地找到了工作，来到了北京，成为一名快递员。来北京后的第一个月工资就挣到 6000 元，他很兴奋："以前我从来没有给过家里钱，现在每个月我都往家里寄钱。"

然而，对更多的贫困地区劳动力来说，转移就业未必是他们的最优选择。大多数建档立卡贫困劳动力年龄偏大、技能水平不高、转移就业困难，针对这一现状，朝阳区"双管齐下"促进就地就业：一方面大力推动产业发展，并引入相关产业，带动一部分劳动力就业；另一方面联合当地开发公益性就业岗位，对大龄和就业困难人员进行托底安置。通过分门别类的精准帮扶，推动了就近就地精准就业。

京绿洲农业科技有限公司（以下简称"京绿洲公司"）是朝阳区在为贫困地区举办招聘会时引入康保、阳原和唐县的一家企业。在帮扶工作站的帮助下，京绿洲公司已免费入驻康保创业孵化基地，注册 1200 万元分别设立了人力资源公司和农业科技公司，帮助贫困劳动力转移就业并在当地发展农业产业项目。待京绿洲公司在康保县种植的黎麦收获后，黎麦酒、黎麦醋的生产线也将陆续在康保、阳原等县建成投产。产业的发展帮助农民在土地流转的同时实现了就业脱贫。

朝阳区会同贫困地区开发了保洁、生态护林、护路员等公益性岗位，由朝阳区给予每人每月 300~500 元的岗位补贴，帮助贫困劳动力就近就地就业。截至 2020 年年底，已有 2300 余名贫困劳动力在家门口实现就业脱贫。

四、"设站布点"精准脱贫

通过"设站布点"，朝阳区联合受援贫困地区人力资源社会保障部门，真正把服务、岗位、技能精准地送到了每一名建档立卡贫困劳动力手中。截至 2020 年年底，朝阳区与贫困地区已经联合举办招聘活动 37 场，累计输送岗位 11.4 万个，举办各类培训班 357 期，培训建档立卡贫困劳动力 14 498 人，目前已有 2699 名建档立卡贫困劳动力在京就业，帮扶和稳定 25 433 余人在贫困地区就近就地就业。

朝阳区的就业帮扶工作入乡、入村、入户，实现了从“大水漫灌”到“精准滴灌”的转变，满足了贫困劳动力对就业和培训的不同需求，帮助他们通过就业走上了脱贫致富的道路。“设站布点”也走出了“四精准”劳务协作扶贫的“朝阳模式”。

天津市滨海新区：

“四个一”协同发力　确保就业扶贫成色更足

天津市滨海新区人力资源和社会保障局始终把东西部扶贫协作和对口支援帮扶作为首要政治任务，深入开展劳务协作攻坚行动，在扶贫基地设立、扶贫车间建设、就业服务活动、技能培训等方面与受援地全面合作，通过劳务协作为当地贫困劳动力插上脱贫的“翅膀”，高质量、高标准地完成了各项就业扶贫任务。

一、明确一个基本遵循，务求劳务协作帮扶工作实效

滨海新区东西部扶贫协作地区和对口支援地区共6个县（市），其中4个县（市）为深藏区、1个回族自治县、1个蒙古族自治县。扶贫工作伊始，滨海新区人力资源和社会保障局在充分调研对接基础上，组织区域内各开发区人力资源和社会保障局多次开展专题研究，着力破解少数民族地区劳动力脱贫内生动力不足等现实难题，最终确定以精准帮扶、分类施策为基本原则，以提升就业能力、实现稳定就业为根本目标，用成效检验帮扶任务落实情况，为滨海新区人社系统东西部扶贫协作和对口支援工作提供基本遵循，号召全体人社扶贫干部啃硬骨头、下绣花功，劳务协作各项帮扶任务成效明显。2019年以来，共帮扶受援地建档立卡贫困劳动力就

业 15 994 人、技能培训 4565 人次，就近就地就业连续两年指标完成率达到 200% 以上。

二、打出一套"组合拳法"，协同发力结出累累硕果

在帮扶工作中，滨海新区人社系统合理配置资源，采取市局指导引领、全区统筹推动、开发区各显其能的统分结合工作方式，打出市级政策和区级政策综合配套的"组合拳"。

（一）党建引领，持续优化工作机制。滨海新区人力资源和社会保障局党组高度重视劳务协作帮扶工作，坚决贯彻执行区委、区政府决策部署，多次开展专题研讨，注重加强对接，健全工作机制，为帮扶工作提供理论数据支撑和制度保障。累计组织各开发区赴受援地区对接劳务协作工作 20 余次，各开发区人力资源和社会保障局与对口援助县（市）建立包保责任制，制定《东西部扶贫协作和对口支援联席会议制度》《扶贫攻坚月报制度》和《定期通报制度》等，加强对开发区人力资源和社会保障局工作的督查指导，确保帮扶工作落实到位。

（二）政策撬动，加大资金支持力度。滨海新区人力资源和社会保障局充分发挥政策补贴撬动作用，加大劳务协作帮扶资金支持力度，调动各企业事业单位参与劳务协作帮扶工作积极性，增强受援地劳动力就业脱贫内生动力。2019 年以来，在协调前方指挥部和区扶贫协作办利用东西部扶贫资金支持劳务协作工作的同时，滨海新区人力资源和社会保障局组织各开发区人力资源和社会保障局向受援地追加劳务协作帮扶资金 567.8 万余元，兑现政策补贴资金 737.9 万余元，并自筹资金 58.3 万元用于受援地建档立卡贫困劳动力来津就业、培训的交通食宿补助，为劳务协作帮扶任务高质量完成提供了强力保障。

（三）优选岗位，组织线上线下招聘活动。为帮助受援地建档立卡贫困劳动力来津就业，自 2017 年以来，滨海新区人力资源和社会保障局组织各开发区和优质人才服务机构不间断地向受援地发布用工信息，涉及企业 506 家次，提供岗位 50 860 个，组织线上线下招聘活动 58 场，实现输转来津就业 214 人。

（四）着眼长远，助力输转和就近就业。在市级政策支持下，滨海新区人力资源

和社会保障局指导受援地人力资源社会保障部门在每个受援县（市）均建立了扶贫基地，并为每家扶贫基地奖补10万元，助力受援地开展劳务输转工作。为解决受援地贫困劳动力就近就地就业问题，在利用财政扶贫资金开发公益性岗位的同时，滨海新区人力资源和社会保障局助力受援地兴建扶贫车间吸纳就业，截至2020年年底，已认定扶贫车间96个，奖补共计480万元，促进1550名建档立卡贫困劳动力稳定就业。

（五）授人以渔，开展免费技能培训。为帮助受援地区贫困劳动力提升技能，促进就业增收，滨海新区人力资源和社会保障局协调天津中德应用技术大学每年免费承接滨海新区结对帮扶受援地技能培训项目及师资培训项目。2018年和2019年共为受援地举办机电一体化、汽车维修、农村电商、会计实操培训班6期，培训劳动力210人。

三、紧盯"一碗扶贫拉面"，搭建两地精准脱贫"连心桥"

东西部扶贫协作和对口支援挑战最大、难度最高的是输转来津就业任务，滨海新区援助的6个少数民族县（市）劳动力受语言沟通、饮食习惯、宗教信仰等因素影响，来津就业意愿不强。为解决输转来津就业难题，滨海新区人力资源和社会保障局结合受援地实际，充分考虑受援地产业特点和风俗习惯，在区领导的大力支持下，从2019年6月开始，创新采取"张家川县特色拉面进新区机关食堂活动"等措施，多次与区扶贫协作办、各开发区人力资源和社会保障局对接和调研，最终实现张家川回族自治县31名拉面师傅和30名企业招录员工成功来津就业。

（一）注重转变就业观念，沉下心来做好群众思想工作。滨海新区人力资源和社会保障局始终坚持问题导向，针对张家川回族自治县（以下简称"张家川县"）劳动力输转意愿不强等现实问题，积极宣传滨海新区良好的生活和工作环境，主动开展就业扶持政策宣讲，注重发挥典型带动作用，广泛进行动员引导，着力激发贫困劳动力就业增收的主观能动性和外出转移就业的积极性，营造了较好的东西部劳务协作氛围，使当地人就业观念得到有效改变，外出就业的意愿逐渐增强。

（二）发挥协同作战优势，高质量推动就业扶贫任务。为组织好"张家川县特色拉面进新区机关食堂"活动，滨海新区人力资源和社会保障局、滨海新区商务和投

张家川回族自治县来津务工人员欢迎仪式

资促进局牵头协调各开发区管委会和区机关事务管理局开设 11 个张家川县特色拉面窗口，并组成联合工作组与张家川县人力资源和社会保障局进行深度对接，将就业工作搬到各乡镇，并逐一走访张家川回族自治县 10 镇 5 乡，与建档立卡贫困户、未就业高校毕业生面对面交流座谈。2019 年 10 月 8 日，滨海新区人力资源和社会保障局、滨海新区商务和投资促进局及保税区人力资源和社会保障局等部门负责同志又组成攻坚小组，将新区“扶贫办”搬到县上村上，再次奔赴张家川开展现场办公，与当地人力资源社会保障部门一起，从人员、岗位、资金、服务等方面汇聚各方力量，采取“5+2、白加黑”工作模式，连续十余天马不停蹄、协同作战，开展多次现场面试，在落实输转劳动力来津就业等指标上取得明显成效。

（三）开展分类精准帮扶，全方位提供人文关怀。在劳务协作过程中，滨海新区注重分类帮扶、精准服务，针对通过“张家川县特色拉面进新区机关食堂”活动来津就业的 61 名建档立卡贫困劳动力，滨海新区人力资源和社会保障局协调所有接收单位在住宿、饮食等方面做出了精心安排，力争在工作、生活等方面给予他们更多人文关怀，尽可能解除他们的后顾之忧。针对拉面师傅群体，滨海新区在面试过程中尽可能遴选夫妻、兄弟组合，并一对一地为他们提供后续独立营业指导，以提高来津就业的稳定性。2019 年 10 月 17 日，滨海新区在保税区举办了简短的欢迎和捐赠仪式，滨海新区人力资源和社会保障局联合新区总工会为每位来津就业人员赠送整套全新被褥和洗漱用品，让输转就业人员来到新区的第一天就感受到家的温暖。同时，滨海新区人力资源和社会保障局还与新区扶贫协作办研究，专门制定印发了《关于张家川回族自治县在我区就业人员管理服务意见》，保障张家川县输转劳动力在津享受免费住宿和饮食，并在缴纳社会保险费用的基础上保证他们每月工资不低于 5000 元，全面营造了"拴心留人"的工作和生活环境，确保他们在津干得好、留得住。

四、提供一个在编岗位，点燃人力资源输转星星之火

目前，滨海新区正值公益服务事业单位改革期，编制、人事已冻结，人员只出不进。为最大限度地满足受援地需要，自 2017 年起，滨海新区按照天津市人力资源和社会保障局工作部署，先后从事业单位征集了 30 余个招聘岗位，面向受援地建档立卡贫困家庭中的高校毕业生实行定向招聘，以岗留人，以点带面，用大学生们在津工作生活的切身体验点燃人力资源输转的星星之火。

为确保事业单位招聘落实到位，滨海新区人力资源和社会保障局多次召集相关部门专题部署、专项指导，层层审核把关，明确招聘条件，并主动与受援地人力资源和社会保障局沟通对接，指导受援地组织实施。截至目前，已有 16 名受援地高校毕业生在滨海新区事业单位上岗工作，另有 5 个事业编制岗位还在招考过程中。事业编制岗位定向招聘工作促成了受援地贫困高校毕业生走进天津稳定就业，拓展了受援地人才视野，在受援地产生了良好的社会效应，受到干部群众的一致好评。

河北省张家口市康保县：

自主创建智能就业系统　实现就业扶贫服务全覆盖

河北省张家口市康保县地处坝上高原，气候高寒干旱，是河北省十个深度贫困县之一。2020年是决胜全面建成小康社会、决战脱贫攻坚的收官之年，康保县在全力抗击疫情的同时，积极转变工作方式，变被动为主动、化不利为有利，把增加就业作为最有效、最直接的脱贫方式，创新体制机制、解决供需矛盾、强化就业培训、整合就业资源，建立起智能就业服务系统，不断扩大贫困人口就业规模，确保贫困群众劳有所得、持续增收，坚决打赢打好脱贫攻坚这场硬仗。

一、开展就业需求调查，建立信息“大数据”

一是开展“大走访、大调查”活动，对全县4.1万名贫困人口进行摸底调查，做到基本情况、就业特长、就业状态、就业意向、就业需求“五个清楚”。

二是建立“贫困劳动力就业服务卡台账”“易地搬迁劳动力台账”和“企业用工需求”三本信息台账，以及岗位需求、岗位供给、责任帮扶和就业效果“四项清单”，全面掌握就业信息。

三是开通“5550999”就业扶贫求职专线，专班专号接听就业求职咨询，及时更新数据库，实现动态管理，为就业扶贫工作明确靶向，最大限度地服务就业、服务群众。

二、搭建就业服务平台，打通供需“中梗阻”

自主研发智能就业服务系统，实现了群众就业“直找”和企业用工“直聘”两大功能。与北京市看准科技集团（以下简称“看准集团”）达成合作协议，对智能就业服务系统进行升级，研发手机App，利用看准集团“BOSS直聘”和“店长直聘”两个平台，将全县贫困劳动力求职与更加广泛的企业用工需求无缝对接，为群众提供更加便捷的就业服务。

三、强化就业技能培训，激活增收“新动能”

对劳动人口开展“岗位+技能+劳动力”定岗模式培训，合格后直接推荐到食品加工、箱包加工等用工企业以实现稳定就业。整合县人力资源和社会保障局、农业农村局及职教中心优势资源，开展“生产基地+实用技术+劳动力”订单模式培训，提高贫困群众种植养殖技能。为有需求的农村创业带头人、自主创业贫困劳动力等提供“创业项目+创业指导+劳动力”定向模式培训。

四、坚持多元渠道融合，确保就业“全覆盖”

针对易地扶贫搬迁群众，选定21家管理规范的劳动密集型企业作为搬迁群众就业扶贫基地，打造“三公里就业服务圈”，实现“易地搬迁、同步就业”。

针对有外出就业意愿的群众，抓住北京市朝阳区、廊坊经济开发区对口帮扶机遇，持续扩大劳务输出领域和规模，先后有231家企业累计提供就业岗位1.2万个，4542名群众实现转移就业。

针对无外出就业意愿的群众，把扶贫车间建在有就业愿望比较集中的中心村，目前已兴建手工编织、箱包制作等扶贫车间60家，2800多名群众在家门口实现就业。

针对有意愿发展庭院经济的农户，由农业龙头企业统一提供籽种、技术、销售等服务，带动5个村210户群众稳定增收。

针对有临时务工需求的群众，引进两家劳务派遣公司，调查收集群众临时务工和企业临时用工信息，并安排专车接送，当日兑付工资。

康保县“三下乡”就业需求摸底调查

河北省石家庄市行唐县：

用心用情用力　支持贫困群众就业

就业是民生之本、扶贫之要，也是精准扶贫、精准脱贫基本方略的重要环节，对打赢脱贫攻坚收官战、全面建成小康社会意义重大。河北省石家庄市行唐县就业服务中心本着“就业一人，脱贫一户”的目标，用心、用情、用力，积极推进就业扶贫工作，创新思路、创新载体、创新举措，以稳就业促脱贫，多点发力让贫困群众端稳就业“饭碗”，为打赢脱贫攻坚收官战奠定坚实基础。2018 年以来，全县贫困劳动力就业率达 82.2%，以优异成绩交出了一份满意的答卷。

一、聚焦精准培训，“授之以渔”促增收

“技能就是饭碗，现在俺凭真本事实现了稳定就业，每月收入 2000 多元，家里生活好多了，以后幸福的好日子还长着呢。”提起眼前的生活，行唐县翟营乡建档立卡贫困户高文芳乐得合不拢嘴。

52 岁的高文芳在 2017 年参加了就业服务中心组织的中式烹调师培训，结业后在中心的推荐下，在县城半边天餐厅找到了一份工作，2018 年全家脱贫摘帽。

“授之以鱼，不如授之以渔”。只有让贫困群众拥有一技之长才能使其顺利就业，

实现稳定脱贫。行唐县就业服务中心认真抓好贫困人口的技能培训工作，坚持扶志与扶智相结合，按照“人社搭桥、乡镇组织、机构培训”的工作模式，组织中标培训机构深入16个乡镇（开发区），对建档立卡贫困户进行逐村逐户的宣传动员，在摸清贫困劳动力培训意愿的基础上，采取长期或短期、集中大班或分散小班、一对一等灵活多样的形式，进村入户开展个性化、全覆盖式引导性培训，开展中式烹调、家政服务、美容美发、育婴、保育、养老护理等各类实用技能培训，有效增强贫困户的就业和致富能力。

加强能人培训，发挥引领带动作用。联合县扶贫办，以就业训练中心为依托，成立行唐县农村致富带头人实训基地，以提升创业致富带头人创业能力为目标，对1024名农村致富带头人进行了实用技术培训，辐射带动贫困群众5160人。

二、打造“双创”基地，就业就在家门口

为帮助贫困残疾人就业增收，行唐县就业服务中心与县残联携手，依托行唐县昊滕残疾人“双创园”，帮扶园内161名贫困残疾人及其家属就业，实现人均月收入1500元以上。以此为中心，在全县15个乡镇建设70个“巧手坊”，辐射带动全县330个村4247名贫困残疾人和一般贫困户在家门口就业增收，人均月收入800~4500元不等，实现了园区就业一批、辐射带动一批、居家安置一批、解放松绑一批的“四个一批”社会效应。

“‘双创园’让我有了稳定收入，靠自己的双手在家门口挣钱，既挣得体面、用着踏实，又内心充实，找到了自信的自己……”提起这份新工作，付学净掩饰不住内心的激动与喜悦。

22岁的付学净因患有“先天性脊柱裂”，两只脚往腿后外翻，只能跪地爬行，被称为“爬行女孩”。2018年行唐县残疾人“双创园”开园后，付学净学习了计算机操作技能，得到一份大数据图文标注的工作，单位提供免费吃住，而且每月还能得到1500元左右的工资收入。

在“双创园”里，像付学净一样有相似经历的残疾人还有一百多位。自幼被火烧伤面部、多次试图轻生的卢鹏如今已经成为园区图文标注项目的小组长；65岁的

员工们在行唐县昊滕残疾人“双创园”生产车间紧张工作

五保户、肢残老人郄大门成为园区的劳动标兵……在就业服务中心的帮扶和自己的努力下，他们像正常人一样劳动赚钱，大大减轻了家庭负担。

由“双创园”延伸建立的扶贫助残“巧手坊”，帮助贫困残疾人及其家属、邻里，农村留守妇女，通过劳动增加了收入。“巧手坊”为残疾人设立了“三上门”服务（上门培训、上门送活儿、上门收货），为不想离家、不能离家且具有一定劳动能力和就业意愿的残疾人和弱劳动力提供了就业渠道，目前已帮助850名残疾人实现在家就业。

三、开发公益岗，帮贫困群众变身“工薪族”

每天清晨，玉亭乡北城仔村建档立卡贫困户赵全云便推着车，拿着铁钎，认真地为村里街道破损路面培土。“公益岗让我每月有了稳定收入，在家门口挣钱，又不耽误农活儿，真是一举两得。”赵全云对政府提供的就业岗位格外珍惜，感激之情溢于言表。

赵全云已年近五旬，爱人常年患病，三个孩子都在上学，因为要照顾爱人不能外出务工。“在村里做护路员，每月收入 360 元，得空儿再打打零工，加起来每月收入 1000 多元。”赵全云说，公益岗让他工作、家庭两不误，他表示，自己一定会尽职尽责干好这份工作。

针对无法离乡、无业可扶、无力脱贫的“三无”贫困劳动力，行唐县就业服务中心通过深挖潜能、精准开发设置就业扶贫公益专岗，安置贫困劳动力就业。通过设立护林员、治安联防员、护路员、河道治理联防员、矿山治理联防员、环境保护监督员等公益岗，为年龄大、文化水平低、技能弱的建档立卡贫困户提供“政策福利”，帮他们变身为“工薪族”。

为确保“三无”贫困劳动力顺利上岗，行唐县就业服务中心印制《行唐县就业扶贫公益专岗培训资料》3200 册，深入全县 16 个乡镇（开发区）举办就业扶贫公益专岗从业人员岗前培训，明确岗位职责、服务项目、工作任务，严格奖惩机制，确保公益岗有进步、有成绩、有社会效益。

2018 年以来，行唐县累计开发扶贫公益岗 3557 个，就业扶贫公益专岗从业人员每人每月可获得补贴金 360 元，每年增收 4320 元，此外，行唐县就业服务中心还为每人每年缴纳 100 元的人身意外险费。

四、筑平台拓渠道，线上线下“齐发力”

为全面推进贫困劳动力就业工作，行唐县就业服务中心多次开展以“助力脱贫攻坚”为主题的“春风行动”“民营企业招聘月”“送政策、送岗位、送信息、送服务”等系列活动。针对新冠肺炎疫情，该中心积极转变服务模式，将招聘主阵地由“线下”转为“线上”，实现线下输出精准推进、线上高效有序对接，主动搭建起劳动力资源供需对接平台，集中帮扶农民工尤其是建档立卡贫困户等就业困难群体实现就业，同时助力企业复工复产。

该中心在全县贫困劳动力就业情况调查摸底的基础上，依托“行唐在线”“行唐发布”“农村大喇叭”“行唐就业公众号”等网络平台，构建拥有“农村贫困劳动力就业清单”“企业用工信息清单”的“互联网 + 就业 + 扶贫”就业平台，有效结合企业和贫困劳动力实现精准匹配、精准招聘、精准对接，高效推动线下输出，引导企业积极参与贫困劳动力就业帮扶。

与此同时，不断深化劳务协作，广泛收集企业岗位用工信息，积极开展线上劳务对接，以国内大中城市和沿海发达地区为劳务输出主攻方向，重点开辟了北京、天津、石家庄就业带，与北京第一物业、北京城建集团、山东东营公共就业和人才服务中心、廊坊市就业服务中心等20家用工企业和就业服务机构建立了劳务合作关系。

稳步推进扶贫车间认定管理，已完成14家扶贫车间（11家工厂式和3家家居式）的认定，新增用工人数404人，带动贫困劳动力就业238人，占就业总人数的58.9%，总投资969万元，年产值837万元，趟出了一条“企业+车间+贫困户”就业扶贫新路径，实现了贫困户“零距离”就业和多渠道增收、微工厂“零风险”生产和高效益经营。

“三创联动”帮扶创业，通过为农村劳动力开展免费创业培训、提供创业担保贷款贴息、安排入驻创业孵化场地，扶持创建家庭农场、专业合作社、加工点等各类新型经营主体，实现创业增收脱贫，目前孵化基地入驻创业实体294家，带动就业425人。2016年以来，共计发放创业担保贷款563笔9 744.9万元，直接扶持942人成功创业，间接带动就业1613人。

“让全县贫困群众实现稳定就业，全面打赢脱贫攻坚收官战既是一项政治任务，又是一项民心工程，我们责无旁贷。”行唐县就业服务中心主任刘玉洪表示，下一步，就业服务中心将按照县委、县政府的安排部署，结合工作实际，进一步明确任务目标，通过建立防返贫工作长效机制、低收入群体免费职业技能培训长效机制，鼓励低收入群体创业等举措，统筹推进全县就业扶贫工作，努力让全县贫困群众端稳就业“饭碗”，奔向增收致富幸福生活的康庄大道。

内蒙古自治区赤峰市巴林左旗：

创新举措　探索扶贫车间新路子

内蒙古自治区赤峰市巴林左旗结合本地特色笤帚苗产业，将就业扶贫车间作为贫困人口实现稳定脱贫的主要载体和抓手，走出了“建设就业扶贫车间、实现就近就地就业”新路子，帮助贫困劳动力在家门口就业，实现了“就业一人，稳定脱贫一户”的目标，取得了就业扶贫的显著成效。截至 2020 年年底，全旗共有就业扶贫车间 59 家，安置劳动力 1314 人，其中建档立卡贫困劳动力 453 人。

一、制定三年规划，谋划建设就业扶贫车间

巴林左旗充分利用笤帚苗产业基础牢、效果好、易推广的特点，建设笤帚加工就业扶贫车间。在厂房建设上，加大投资力度，扶贫项目资金、民间资本一同上，通过“三批”解决就业扶贫车间厂房问题，即扶贫项目资金建设一批、民间资本建设一批、旧房改造一批。在就业扶贫车间的认定上，不搞“一刀切”，没有把厂房的大小作为就业扶贫车间的认定条件，而是更看重企业的发展潜力。现在的扶贫车间中既有利用扶贫项目资金、个人投资建设的标准化厂房，也有利用闲置的旧民房、旧村部等因陋就简改造的厂房，通过合理调节资源使用，鼓励企业把有限的资金用

于生产流通、扩大再生产。

二、强化政策激励，扶持发展就业扶贫车间

为加强就业扶贫车间建设步伐，调动企业吸纳建档立卡贫困劳动力就业的积极性，巴林左旗加大了政策支持力度。对符合条件的企业，给予企业创业补贴、岗位补贴、职业培训补贴、社会保险补贴、贷款扶持和免费创业培训六项补贴政策，政策覆盖范围广、力度大，吸引了众多企业纷纷致力于就业扶贫事业。全旗累计为5家就业扶贫车间提供创业担保贷款75万元，对40家监管到期的就业扶贫车间兑现一次性资金奖补（创业补贴、岗位补贴、职业培训补贴）政策，补贴资金472.75万元，惠及贫困劳动力280人。

三、建立监督机制，规范管理就业扶贫车间

为加强就业扶贫车间的监督管理，提升就业扶贫车间的生产质量，巴林左旗加大日常监督管理力度，采取多项监督管理措施：一是与就业扶贫车间签订了监管协议；二是每月不定时到就业扶贫车间现场核实贫困劳动力在岗情况；三是贫困劳动力的工资由银行发放，银行票据每月报就业局；四是不定期召开就业扶贫车间推进会议，总结成绩，发现不足，互相交流借鉴经验；五是不定期电话问询就业扶贫车间生产情况和贫困劳动力出勤情况。在监管督促下，大部分就业扶贫车间能够按要求正常运转，建档立卡贫困劳动力实现了稳定就业、稳定增收。对部分不能保证建档立卡贫困劳动力长期稳定就业的扶贫车间，通过有进有出的动态调整机制使其逐渐退出。

四、加强技能培训，充实壮大就业扶贫车间

笤帚苗加工技术门槛儿不高，贫困劳动力稍加培训即可从事生产。巴林左旗加大笤帚苗手编技能培训力度，创新培训方式，鼓励企业开展以工代训，增强技能培训的针对性。通过举办笤帚苗手编技能培训班，培训建档立卡贫困劳动力，为就业

扶贫车间输送了大批技术工人，充实壮大了就业扶贫车间的生产力量。2016年以来，巴林左旗累计举办笤帚苗手编技能培训班131期，培训农村牧区劳动力3293人，其中贫困劳动力2374人。

就业扶贫车间内工人们正在进行笤帚苗加工

吉林省长春市：

微火星光聚热源　扶贫星火遍乡间

长春市就业服务机构在全力推进扶贫车间和扶贫基地建设的同时，积极实施就业扶贫新政策，将分散在村屯生产经营且吸纳贫困劳动力就业的实体创建为“就业扶贫星火站”，并按照吸纳贫困劳动力的人数给予补贴。全市共创建“就业扶贫星火站”60家，吸纳建档立卡贫困劳动力129人就业，为贫困劳动力分散地区创建就业扶贫载体闯出了一条新路。

一、充分调查摸底，找准出台政策的切入点

（一）精准摸底摸排。长春市就业服务机构组织基层工作人员多次深入贫困村屯，摸清贫困劳动力人数及其就业意愿，并走访周边各类创业基地、家庭作坊、合作社、电商企业等灵活创业、生产经营实体，掌握企业用工需求。

（二）明确工作思路。长春市就业服务机构建立了就业扶贫工作台账，全面掌握辖区内贫困劳动力和企业用工分布情况，认真分析创建扶贫车间和扶贫基地过程中可能存在的现实问题和制约因素，明确了“化整为零、多点带动、星火扶持、聚少成多”的工作思路，提出了降低享受政策门槛儿、促进村镇周边各类企业吸纳贫

吉林省长春市阔源食品厂吸纳贫困劳动力就业

困劳动力的措施办法，在全市打造“就业扶贫星火站”。

（三）积极沟通协调。针对享受政策覆盖面广、享受企业分散、受众人数多等实际，广泛调研、征求意见，充分研究论证新政策出台的可行性，并积极协调长春市财政部门争取资金支持，制定政策具体操作办法，保证惠企惠民政策应享尽享。

二、充分释放红利，发挥政策援企稳岗作用

（一）简化手续流程。最大限度简化企业享受政策流程和手续，凡符合申报条件的企业，仅需提供申请表、吸纳贫困劳动力就业人员花名册、就业协议和营业执照，经当地人力资源和社会保障局、扶贫办审批后，即可享受扶持政策。

（二）多重政策扶持。对正常运营3个月以上的“就业扶贫星火站”，给予每人1000元的建设运营补助；符合申请创业担保贷款条件的企业，享受优先推荐政策；对与贫困劳动力签订1年以上劳动合同的企业，在3年内按照招用人数予以定额依次扣减增值税、城市维护建设税、教育费附加、地方教育费附加和企业所得税，定额标准为每人每年6000元，最高可上浮30%。

（三）入企宣传政策。发动基层就业服务平台工作人员走访辖区企业，宣传就业扶贫政策，讲解政策资金申报流程，同时动员乡镇、村干部主动协调周边企业，积极推荐符合企业需求的贫困劳动力就业。德惠市惠发街道毛家村富启手工编织专业合作社创始人侯振发说：“过去因贫困劳动力居住地比较分散，人数达不到基本要求，没能成立扶贫车间。新政策出台后，我们成立了长春市首家‘就业扶贫星火站’，吸纳了村里2名贫困劳动力就业，享受了很多扶持政策，非常感谢政府对我们小微企业的扶持和帮助。”

三、提供精准服务，帮助贫困劳动力尽快实现就业

（一）开展送岗位到家活动。政策出台后，长春市就业服务机构印制企业用工招聘信息和就业创业政策宣传手册，以“春风行动”“就业援助月”等专项活动为契机，向贫困户发放，张贴宣传海报，利用电视、网络、手机等多种媒介，向贫困户进行集中宣传。新冠肺炎疫情得到有效控制之后，各级公共就业服务平台工作人员走村入户，将就业创业、扶贫政策和就业岗位信息送到贫困户家中，鼓励他们尽快实现就业脱贫。

（二）提高信息化服务水平。推进全省就业扶贫信息管理子系统应用工作，就业扶贫工作全部录入系统，按月更新，动态管理。乡镇及行政村定期对贫困劳动力就业状况进行回访，及时更新，确保数据信息真实准确。

（三）扎实开展技能培训。组织培训机构积极开展技能培训和农村实用技术培训，新冠肺炎疫情防控期间组织开展线上技能培训，提升就业技能。“就业扶贫星火站”组织贫困劳动力参加培训的，按照相关规定给予培训补贴。

（四）开展就业跟踪服务。充分发挥乡镇、村基层平台服务功能，根据贫困劳动力培训和就业需求，精准推荐就业岗位及培训内容，并通过县、乡、村三级就业服务网络将就业岗位信息及时送至贫困劳动力家中，促其尽快上岗就业。同时，定期跟踪服务成效，对培训后有就业意愿但尚未实现就业的贫困劳动力，提供1次职业指导、2次岗位信息服务；对就业有困难的贫困劳动力，利用公益性岗位予以安置；对身体残疾、因病行动不便的贫困劳动力，给予特殊支持，将扶贫作坊直接设置在贫困劳动力家中，使他们足不出户即可实现就业。在“就业扶贫星火站”长春禾丰食品有限公司做保洁工作的陈增卫高兴地说：“从建档立卡贫困户到现在一个月能挣3500元工资，我成了六口之家的‘顶梁柱’”。“就业扶贫星火站”吉林阔源食品加工厂的部分职工只需步行几分钟就能到厂工作，遇农忙季节，女职工还能享受假期，实现了持家、种地、工作“三不误”。

黑龙江省佳木斯市桦南县：

全力实施“989”工程　助力转移就业脱贫

黑龙江省佳木斯市桦南县全力实施“989”转移就业脱贫工程，为贫困群众稳定就业全程保驾护航，开辟贫困群众脱贫致富新路，取得了显著成效。自“989”工程实施以来，实现转移就业1.6万人次，贫困劳动力就业脱贫6758人，年人均增收2.9万元。

一、全力打造“九大示范基地”，为贫困群众精准就业创设承载平台

（一）围绕打造“九大示范基地”，提升就业成功率。依托有实力、有信誉、有长期合作关系的企业，以县政府名义授权合作，提高信誉度和知名度，开展精准职业推荐。2017年建成“九大示范基地”，2018年发展9个“示范基地”，2019年发展5个“示范基地”，2020年发展3个“示范基地”。建设域外劳动力转移示范基地，筹建劳动力转移示范服务站，并与实力企业建立劳务输出伙伴关系，示范基地的规模不断扩大，有力支撑了贫困群众转移就业。

（二）组织劳务输出服务活动，避免盲目外出务工。结合开展“春风行动”和反季节“秋季用工招聘会”等活动，联合“示范基地”企业开发农民“冬闲”资源，

促使一大批贫困群众实现增收。全力实施“就业服务不打烊、网上招聘不停歇”线上春风行动，引导企业和求职人员网上招聘洽谈；充分发挥信息化手段提升就业服务的作用，开展远程招聘；成立县农民工返岗复工“点对点”服务协调小组，开展“点对点”外出务工运输服务。

二、全力打造“八大培训品牌”，为贫困群众高薪就业提供技术支撑

（一）全力打造培训品牌。重点培育“八大培训品牌”，即育婴员（月嫂）、养老护理员（护工）两个优势培训品牌，保健按摩师、厨师、面点师、汽修员、美容师、健身指导师六个优质培训专业。建设技能培训中心，实现设施、功能、服务全面优化升级。新建西式面点师、无人机“飞手”和网络营销师新业态高技能专业。

（二）强化贫困人员帮扶。对贫困人员实行“免学费、三餐费、住宿费、教材费、学习用具费和免费提供就业服务”的零成本、高质量公益性培训，并重点为贫困人员提供报名、培训、实训、就业等环节的保障服务，保证其就业率和就业质量；走出去广泛联系一线城市家庭服务公司，输送培训结业学员，为实现学员到高端市场高质量、高薪金就业提供服务。

三、全力打造“九大服务站”，为贫困群众稳定就业全程保驾护航

针对转移就业贫困户提出的“出来打工住宿落脚最困难”的问题，桦南县积极探索在劳动力转移输出人员集中的城市，以接纳贫困人员企业和贫困人员集中区域为核心点，通过与企业联合等方式，创建了“九大贫困人员就业转移输出服务站”（以下简称“服务站”），为外出务工人员免费提供临时住宿，帮助他们找工作，解决他们工作生活上遇到的困难和问题。服务站的建立解决了群众转移就业成本过高等关键问题，增强了桦南籍外出务工人员的归属感，使贫困群众能够安下心来就业。

育婴师培训

面点师培训

劳务输出运送专车

黑龙江省七台河市勃利县：
扶贫“小车间” 脱贫“大作用”

黑龙江省七台河市勃利县以就业促脱贫为抓手，按照“围绕产业、一地一品、因地制宜”的工作思路，探索创新厂房式、合作社式、“互联网 +”式三种模式建设扶贫车间，促进贫困户劳动力多渠道就地就近就业，助力全县脱贫摘帽，全力打赢脱贫攻坚战。

一、启动实施篇：创新扶贫车间模式，搭建脱贫就业舞台

勃利县是一个农业贫困县，农村贫困人口基数大、底子薄，多年来，农民缺乏打工赚钱的一技之长。如何扭转落后局面，让村民尽快脱贫，过上幸福的好日子，成为勃利县就业服务中心扶贫济困的使命与初衷。

要冲破发展桎梏，打赢脱贫攻坚战，就必须先找到致贫短板。针对这一情况，勃利县就业服务中心领导接到帮扶任务后，多次召开专题会议，并带领主管领导深入村里认真调查研究，走村入户，找准短板。

要帮助农村贫困人口脱贫，产业扶贫是关键。为变“输血”为“造血”，让贫困户在家门口实现脱贫增收，勃利县实施扶贫车间建设三种模式，为农民搭建了脱贫

就业的“大舞台”。

一是依托“合作社（企业）+ 车间 + 贫困劳动力”模式，建设厂房式扶贫车间。在勃利县大四站镇立新村，以春华香菇专业合作社为龙头，建设就业车间，带动就业约 70 人，吸纳贫困劳动力 50 余人加工种植木耳，按日计酬。

通过“合作社（企业）+ 贫困户”方式，使贫困户就地就近就业。勃利县青山乡奋斗村田园音乐葡萄种植合作社是集种植、加工、采摘、旅游于一体的专业合作社，带动奋斗村及附近村屯就业约 180 人，吸纳贫困劳动力 70 余人，激发了贫困群众的内生动力，让贫困群众在家门口打工挣钱、实现脱贫。

勃利县青山乡庆成水稻种植专业合作社（以下简称“合作社”）在经济效益不断增长的同时，创造了多个就业岗位，带动示范作用明显增强，辐射带动水田面积达 5 万亩，安置农民就业 40 余人，助农增收 300 多万元。合作社优先聘用 10 余名贫困户劳动力到扶贫车间进行季节性打工，每个贫困户增收 8000 余元。合作社将闲置的水稻育苗大棚无偿提供给贫困户种植蔬菜，每栋大棚可增收 2000 元。

二是依托农村“三变改革”，充分发挥村集体的组织、带头、示范作用，通过“村集体 + 合作社 + 贫困户”的模式，流转贫困户土地，贫困户劳动力到合作社务工增加收入，推进合作社式扶贫车间。

勃利县嘉源黑木耳合作社扶贫车间带动 285 户贫困户到合作社务工，上半年从事木耳的种植和管护，下半年从事木耳的采摘和加工，每户贫困户年均增收 1.5 万元以上。勃利县嘉源黑木耳合作社 2017 年末拿出 40 万元为倭肯镇 500 名贫困人口分红，与 258 户无劳动能力贫困户建立了利益连接机制；亿丰牧业“育肥牛集中托养”，为 64 户贫困户每户分红 1600 元。

三是依托县内电商企业，建立线上和线下相结合、实体和虚拟相补充的“互联网 +”式扶贫车间。在勃利县东北老勃电子商务科技有限责任公司东西协作电商扶贫就业车间，由农户提供农副产品，吸纳贫困劳动力对农副产品进行筛选、清洗、保鲜处理、包装等粗加工，最后由电商企业负责网上销售，此举促进了贫困农民增收。

加工处理车间工作场景

二、服务成效篇：多措并举拔掉穷根，创新服务精准脱贫

“拔穷根”，产业扶贫是一场来不得半点含糊的硬仗。勃利县扶贫车间创新模式的实施如同脱贫“三板斧”，劈开了贫困群众的致富路，让勃利县扶贫车间由弱变强，由小变大，成为脱贫攻坚的生力军。

扶贫扶到点上，帮困帮到根上。勃利县就业服务中心借助扶贫车间等经营主体，全力帮助剩下的“贫中之贫”“困中之困”贫困劳动力实现就业。利用嘉源黑木耳合作社、田园音乐葡萄专业种植合作社、庆成水稻专业合作社等扶贫车间，采取“企业 + 贫困户”“合作社 + 贫困户”等多种方式，组织贫困劳动力到种养殖、农产品加工等行业企业务工，实现就地就近就业。

“火车跑得快，全凭车头带”。勃利县嘉源黑木耳合作社扶贫车间建立之初，企业遇到资金缺口，影响了企业的发展壮大。勃利县就业服务中心党员干部深入企业特事特办，联名为企业担保办理了 60 多万元的小额贴息贷款，帮助企业解了燃眉之急。

资金有保障，企业就有了“活水”。勃利县嘉源黑木耳合作社扶贫车间用工约 136 人，其中贫困户劳动力 52 人，企业每年用工 4 个月以上，平均每人每月工资性收入在 2000 元以上，贫困户一年可实现 16 000 元以上的收入，当年就实现了脱贫。

2019 年，勃利县就业服务中心帮助扶贫车间开展招工宣传，并按照扶持政策，一次性奖补扶贫车间 3 万元，鼓励其多用贫困劳动力，以更好地促进贫困劳动力就业。

67 岁的贫困户徐岩财是扶贫车间工人，家里有三口人，妻子患心脏病，家庭生活困难。在扶贫车间就业以后，他一年可以干 5 个月的活儿，15 000 元的收入让一家人高兴不已，顺利实现脱贫。

勃利县青山乡奋斗村甜玉米扶贫车间为扶贫人员提供了就业平台。村民孙海英居住于勃利县青山乡幸福村，丈夫为残疾人士，孩子正在上学，一家三口只有她一个劳动力，2018 年开始她就在扶贫车间打工，平时还在葡萄大棚打些零工，平均每年可增收 13 000 元左右。收入的增加给这个困难的家庭带来了巨大的改变。

勃利县庆成水稻种植专业合作社成立以来，通过扶贫车间让贫困户实现了脱贫致富梦。徐建波夫妻是贫困户，父母患病，家庭生活困难，2019 年，夫妻俩在扶贫车间干了 7~8 个月，收入 2 万元左右，足不出村就实现了脱贫，让这对贫困夫妻笑逐颜开，高兴不已。

扶贫车间创新模式的实施，让有劳动能力的贫困户脱贫不再难，将扶贫由“输血”变“造血”，使贫困户生活更加有底气，对未来更加充满信心。

一枝独秀不是春，百花齐放春满园。为让更多贫困户受益，勃利县就业服务中心加大扶贫车间扶持和帮助力度，扩大扶贫车间范围，截至 2020 年年底，已由 2019 年的 3 家发展到 60 家，带动贫困人口就业 88 人，2020 年发展到 602 人，其中，60 岁以上老人占比 4.98%，残疾人占比 2.5%，让贫困户实现在家门口就业。

三、憧憬谋划篇：扩大扶贫车间效能，筑牢贫困户就业保障

功夫不负有心人。勃利县就业服务中心在扶贫的战场上想群众之所想，解群众之所盼，通过搭建平台、媒体宣传、集中培训等举措，改变“等靠要”思想，不断创新服务模式，促进了扶贫车间的持续发展，激发了贫困户从“熬日子”到“过日子”再到“奔日子”的决心。

扩大扶贫车间的服务效能，帮助农民实现家门口就业。2020 年，勃利县就业服务中心在制定扶贫车间认定标准时，将“扶贫车间吸纳贫困劳动力占所有用工人员

种植车间工作场景

的比例不能低于30%”作为重要指标，并严格执行。壮大扶贫车间的规模和实力，增强扶贫车间带动贫困劳动力就业的能力，利用“一次性创业奖补”“返乡创业带动就业”“以工代训”等政策，激励和调动扶贫车间招用贫困劳动力的积极性，筑牢贫困户就业保障。

如今，如雨后春笋般出现的互助组、合作社、龙头企业等农业经营主体，通过实施扶贫车间新模式为贫困群众带来了实实在在的红利，特别是产业发展补贴、土地流转收入、就业务工收入、入股分红收入“细水长流”，让农民的钱袋子鼓了起来。

东风正劲，利剑满弦。在决战决胜脱贫攻坚战的伟大进程中，勃利县就业服务中心创新模式建立的扶贫车间，就如同一粒粒致富的种子，在广袤的勃利大地上生根、发芽、开花、结果，赢得了百姓的交口称赞。未来岁月里，勃利县就业服务中心将继续巩固脱贫成果、聚力乡村振兴，让扶贫“小车间”发挥脱贫“大作用”，带领更多贫困户走上脱贫致富路。

上海市奉贤区：

小小一张“就业券” 展现“扶贫”大担当

2020年是脱贫攻坚收官之年，但突如其来的新冠肺炎疫情为东西部劳务协作带来了不小的影响。上海市奉贤区以政策创新、渠道创新等方式，积极应对，推出“东西部劳务协作·就业券”政策，加强对帮扶地区建档立卡人员的扶持力度，通过政策红利，增强企业吸纳贫困人员的积极性，也进一步促进了奉贤对口帮扶地区贫困人员来奉转移就业脱贫的信心。截至2020年年底，累计发放东西部劳务协作就业券206张，帮助160人实现就业。

一、未雨绸缪，劳务协作谋创新

2020年6月10日，奉贤区召开区级就业券现场推进会，正式在全区范围内推行就业券政策，并将政策红利延伸到对口帮扶地区，推出“东西部劳务协作·就业券”。为落实政策，成立了区就业券工作领导小组，下发了《关于实施“梦圆小康就业券”工作的指导意见》(奉人社〔2020〕23号)，夯实责任落实，多部门联动，广泛宣传、深入排摸、严格审查，合力推动政策落地。一张小小的“就业券”对于建档立卡人员来说，相当于一张来奉就业的通行证，持有就业券的人员将得到奉贤区各级就业服务部门的重点帮扶和岗位推荐。同时，这也是帮助持券人和用人单位岗位匹配的桥梁和纽带。企业吸纳持券人就业满3个月可以享受5000元的一次性补贴，就业满一年，且税后月收入达到上海市最低工资标准1.5倍以上，再叠加给予1.5万元的一次性岗位补贴。通过政府的政策“加码”，把就业补贴的“发放权”交给需要就业的贫困人员，“增加”他们在人力市场上的吸引力，企业也能适当降低用人成本，实现了“贫困人口有效脱贫、企业缓解资金压力”的“双赢”格局。

二、加强落实，就业帮扶强服务

为落实就业券政策，深入对口地区进行招聘需求走访，积极搭建“互联网+”就业信息共享平台，积极挖掘适合建档立卡人员的招聘岗位，建立跨区域劳动力供求信息采集和发布机制，为当地提供个性化就业匹配和职业指导服务，形成了“资源共享、信息互通、难题共解”的就业帮扶新格局。制作“就业扶贫在行动”“奉贤区春风行动”等招聘视频，线上推送至对口三县（贵州省遵义市余庆县、凤冈县、务川仡佬族苗族自治县），帮助建档立卡人员直观了解奉贤区情区貌及来奉就业情况，并在当地广泛宣传奉贤区企业招聘信息。在线上招聘平台设置“扶贫专区”，开辟绿色通道，动态更新奉贤区企业需求岗位，方便建档立卡人员获取岗位信息。分批次进街镇、进园区、进企业加强宣传，鼓励企业提供优质岗位，通过实地走访寻找适合对口地区人员的岗位和有食宿条件的企业，为求职者严把“就业关”，着力解决对口地区来奉务工人员的“水土不服”，并对持券人进行跟踪服务，让他们来得了、留得下，让政策红利真正惠及对口帮扶群众。2020年，共面向建档立卡人员组织扶贫专项招聘会16场，其中线上招聘会12场，提供岗位数5318个，线下招聘会4场，提供岗位数3438个，通过劳务信息平台发布招聘信息的企业838家，提供岗位数8322个。

三、人岗匹配，兜底帮扶显成效

为提高对口地区建档立卡人员的就业率，根据他们的培训、就业意愿，以沪遵两地共推的方式精准组织开展缝纫工、中式烹调师、家政护工、电子商务师等就业技能培训，在当地和奉贤区企业为培训合格学员积极推荐就业，同时为来沪就业的建档立卡持券人员提供岗位技能培训，帮助其稳定就业。以奉贤区就业服务站为阵地，做好来沪就业建档立卡持券人员的后续跟踪服务工作，定期深入用工企业走访慰问，了解持券人员工作和生活情况等，进一步促进来沪建档立卡持券人员稳定就业。2020 年全年共实现帮扶贵州省遵义市三县和青海省果洛州达日县建档立卡人员来沪转移就业 221 人，实现就地就近就业 3206 人。

上海市崇明区：

山海相连情意浓　两地携手拔穷根

2018 年以来，上海市崇明区根据党中央、国务院及沪滇两地党委、政府对口帮扶工作的总体部署，与云南省临沧市建立区域劳务协作对接机制，通过搭建“两站”联动工作机制、推进校企合作“实习 + 就业”、项目开发带动本地就业等劳务协作创新模式，开展了全方位、多层次、宽领域、高水平的扶贫协作与交流，携手书写脱贫攻坚的新篇章，共同描绘脱贫奔小康的“同心圆”。

一、以搭建平台为依托，强化精准对接

（一）搭好工作平台。按照“政府引导、市场运作、社会参与”的转移就业工作机制，与云南省临沧市签订《劳务协作框架协议》，在两地搭建“两站”（“上海市崇明区驻滇就业服务工作站”和“云南省临沧市驻沪就业服务工作站”）联动工作机制。

（二）打造信息平台。充分利用大数据技术，组织开发了“沪滇劳务协作临沧市农村劳动力资源信息系统”，做好建档立卡贫困户外出务工人员摸底调查，将临沧全市贫困劳动力就业状况实名制管理、招聘信息推送和外出务工诉求服务三大功能融为一体，精准掌握建档立卡贫困人口中有就业意愿和就业能力的未就业人口信息，

实现跟踪服务数字化、信息化和网络化。

（三）举办专场招聘。两地人力资源社会保障部门开展联合走访调研，找准困难群众思想病根，激发内生动力；将每月 26 日设为“临沧招聘日”，定期或不定期举办专场招聘会。新冠肺炎疫情期间，采取“沪滇协作 +”“用工招聘进乡村”多种线下线上转移就业模式，将岗位信息通过当地驻村工作队、互联网等渠道及时发送至临沧市各有关部门，不断深化沪滇劳务协作，降低新冠肺炎疫情影响。截至 2020 年年底，已实现成功就业 3.1 万人。

二、以扶贫扶智为突破，创新校企合作

扶贫先扶智，授艺更育人。

（一）精挑细选，确定合作校企。遴选出临沧高级技工学校与上海振华重工（集团）股份有限公司（以下简称“振华重工”）长兴分公司进行合作。

（二）聚焦就业，创新合作模式。探索建立“实习 + 就业”培养模式。振华重工对实习生免费提供高标准食宿条件和每天 120 元生活补贴，崇明区对建档立卡人员给予每月 300 元补贴，使实习生无后顾之忧，让他们零距离感受企业文化和就业环境，全身心在生产岗位上磨炼专业技能，加快实操技能培养。对实习后愿意留在公司就业的，全部按标准缴纳社会保险费，并给予每月 5000~6000 元的工资待遇。

（三）授之以渔，注重培养素质。为使新员工尽快熟练掌握工作所需知识和技能，组织国务院特殊津贴享受者、上海工匠魏钧和全国技术能手、上海市五一劳动奖章获得者马志勇等多位技能大师联合开展了为期 1 个月的高技能人才培养脱产培训，帮助他们更好进入工作角色；采用导师带徒制度，安排具有 3 年以上工作经验并具有高级工以上技能等级的优秀技术人员与新员工“一对一”导师带徒，指导徒弟把学到的知识和技术应用到实际生产中；鼓励员工提升学历，专门联系上海市开放大学送教上门，为有学历提升梦想的新员工提供进修机会。截至 2020 年年底，振华重工共录用临沧高级技工学校应届毕业生 104 人。其中，来自临沧市耿马县的傣族小伙俸春林通过校企合作，迅速成长成才，已被安排到美国南卡岸桥上进行门框总装焊缝的焊接工作。

三、以项目开发为路径，促进就近就业

以项目为载体，创造更多就业岗位，变“输血式扶贫”为“造血式扶贫”。

（一）创建扶贫车间带动就业。找准产业项目实施与群众受益结合点，扎实开展“家门口”就业帮扶工程，主动联系指导当地企业和专业合作社因地制宜，创建满足本地群众实现就业需求、具有产业特色的就业扶贫车间。截至2020年年底，在临沧全市建立茶叶制作、土特产加工、手工编织等特色行业扶贫车间48个，吸纳贫困劳动力就业1836人，取得较好社会效益。

（二）指导托底安置就业困难人员。聚焦“就业一人、脱贫一户”目标，借鉴崇明区推进“生态就业”工作经验，实施就业帮扶安置，指导当地乡镇政府结合实际，因势利导，适量开发一批公路养护员、农村保洁员、治安巡逻员等乡村公共服务岗位，让“无法离乡、无业可就、无力脱贫”的农村贫困大龄劳动力、残疾家庭劳动力和有重病患者家庭劳动力等困难群众实现家门口就业，有效提升获得感、幸福感。

（三）加强技能培训，提升就业能力。邀请创业成功人士在当地开设创业论坛，已累计为500余名有意向创业者提供精准辅导；根据临沧市贫困劳动力实际，以制造业、服务业、旅游业等就业容量大的行业用工需求为重点，同时，依托当地非物质文化遗产——传统藤编工艺，积极开展专业技能培训，增强就业技能。

通过帮扶和协作，让相隔千里的两个城市成了“亲戚”和“家人”，帮助临沧市千百个贫困家庭开启幸福之路。

江苏省宿迁市：
聚力创新　聚焦服务　高质量打造“333”电商就业扶贫宿迁模式

江苏省宿迁市立足市情，提出“电商就业扶贫”思路，打造“333”电商就业扶贫宿迁模式，推动互联网创新发展与就业扶贫工作深度融合，帮助6.5万名低收入劳动力参与网络经济并实现增收脱贫。

一、“三项机制”联动促进

（一）构建政府推动机制。出台系列文件促进电商产业发展，成为江苏省唯一省级“电商县”全覆盖设区市。每年举办“运河品牌电商大会”，邀请知名电商企业共谋发展。

（二）构建产业互动机制。大力发展电商产业，引进京东、百度等20余家全国百强互联网企业落户，促进就业岗位增加。

（三）构建走访联动机制。将“春风行动”与“大走访”等活动相结合，进村入户摸需求、送岗位。新冠肺炎疫情防控期间，通过“点对点”短信将电商企业招聘岗位向贫困人员精准推送，并组织电商企业赴乡镇开展巡回招聘。

二、“三项工程”协力推动

（一）实施“百千万”电商创业培训工程。在全省率先开发电商创业培训课程，校、政、企联合，实施“四单”培训模式，提升创业能力。

（二）实施“一村一品一店”特色品牌工程。按照“一村”培育“一品”，“一品”做响“一店”，“一店”致富“一片”的思路，加快脱贫致富步伐。

（三）实施“家门口就业”促进工程。借力电商平台，在各乡镇村居设立电商服务站点，吸纳贫困劳动力就业。扶持返乡大学生、农民工参与“小电商”等“五小”创业，扩大就业空间。

三、“三大载体”创新服务

（一）打造村居e站。支持每个乡镇（街道）创建村居e站，为低收入农户劳动力开展电商就业、创业服务。

（二）打造企业e站。开发电商企业扶贫岗位，定向招聘低收入劳动力就业。

（三）打造基地e站。发挥创业基地孵化创业、集中服务、带动就业作用，设立电商就业创业扶贫专区，实行政策“一单清”、服务“一站式”、功能“一卡通”模式。

为低收入劳动力开展电商创业培训

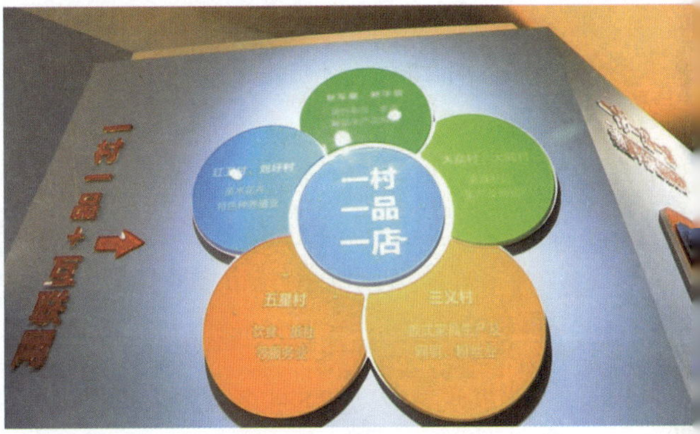

打造“一村一品一店”，带动当地低收入劳动力就业

设立电子商务服务站带动低收入劳动力就业

浙江省金华市武义县：

精准对接强匹配　精细服务赋能量

自与四川省南充市嘉陵区开展东西部扶贫协作以来，浙江省金华市武义县通过“强匹配”“造岗位”“赋能量”等组合拳，先后帮助 11 716 名南充市嘉陵区贫困劳动力实现就业，32 884 名贫困人口通过分红、租金、助销等方式间接获益。

一、精准对接，构建“供应—需求”二位一体的就业匹配机制

（一）“过筛式”摸清岗位需求底数。两地人力资源社会保障部门精准对接，建立东西部劳务协作站，全权负责求职人员信息和企业用工需求的收集和发布。组建东西部劳务输出招工小分队 30 支，对贫困劳动力年龄、技能水平、薪资期望等基本情况进行摸底调查，全面摸清贫困群众愿不愿意出去、有没有能力出去、愿意去什么地方、希望干什么工作等情况，及时更新信息数据库，为分析研判和开展精准培训、精准推荐就业、精准输出提供依据。2020 年，嘉陵区共向武义县用工企业推送求职人员信息 461 条。

（二）“信息化”摸清岗位供应底数。建立“武义 HR 联盟”，深入企业开展平台推介，网聚百家用工需求较大企业的人事经理，开展人力资源交流互助。依托“一盟三市”智慧就业平台汇集整合岗位设置、用工条件、待遇薪酬等企业用工需求信

息进行线上公开，并及时反馈给嘉陵区。2020 年，武义县为嘉陵区推送企业用工岗位 8444 个，达成意向 500 余人，其中贫困劳动力 120 人。

二、精心谋划，提升“产业—项目—车间”三轮驱动的增岗扩招能力

（一）发展产业造岗位。武义县利用农业大县资源，注入资金 1.05 亿元，帮助嘉陵区建成 20 万亩柑橘、10 万亩花椒、10 万亩桑茶等现代农业项目，通过建立健全“分红股金、务工薪金、土地租金”为主的利益联结机制，使 18 110 名贫困人口获益。发挥武义县“超市之乡”优势，将嘉陵区优质农产品推广至长三角超市，扩大宣传面，提升产品知名度。2020 年以来，武义县通过采购嘉陵区农特产品礼包等方式，实现消费扶贫 5 879.45 万元，超额完成年度消费扶贫目标，有效化解了农特产品滞销风险。

（二）招引项目造岗位。新冠肺炎疫情防控期间，武义县创新“线上”沟通、“线下”组织的方式，为嘉陵区成功招引浙江“飞鸿草上运动旅游综合体项目”。该项目计划投资 5 亿元，可为贫困群众创造就业岗位 200 余个，实现土地年租金分红 72 万余元。同时，引导 5 家浙商企业加大投资额度，提升贫困劳动力吸纳能力，带动脱贫 158 户 663 人。

（三）扶贫车间造岗位。以企业下乡、车间到村、岗位到人、奖补到位的方式把扶贫车间建在群众家门口，为因技能技术缺乏、身残行动不便等无法转移就业的贫困户搭建就近就业新渠道。截至目前，已建成依格尔吉安镇、石牌楼生态农业石楼乡、永越服饰双店乡等就业扶贫精品车间 51 个，就近解决就业 1576 人，其中贫困劳动力 486 人，人均年增收 2.3 万元。

三、精细服务，完善“培训—特岗—教育—基金”四措并举的赋能帮扶体系

（一）培训添力，赋予就业创业“金钥匙”。武义县结合嘉陵区群众实际需求和具体情况，联合开展“送培训下乡”“扶贫专班”等培训活动。2020 年共开设各类实

组织开展致富带头人专题培训

用技能培训班 23 期，免费培训村民 573 人，其中培训后实现就业人数 156 人。此外，还组织开展电商、致富带头人等专题培训，培训后创业成功 41 人，带动贫困人口就业 751 人。

（二）特岗兜底，啃好就业创业“硬骨头”。针对学历低、年龄大或身体有残疾的就业困难群众，由企业出资，推出不限学历、不限技术、不限年龄的“三不限”特殊岗位。截至目前，武义县已累计出资 200 余万元，开设东西部劳务协作公益岗位 73 个，企业吸纳就业“爱心岗位”80 余个，兜底安置贫困人口、边缘户等 70 余人。

（三）教育扶智，增加就业创业“干细胞”。为发挥好职业教育在脱贫攻坚中的重要生力军作用，武义县职业技术学校与南充市慧明中专技术学校签订战略合作框架协议，采取工学交替的“2+1”就读模式，即 2 年在校学习加 1 年校外实习，实现理论与实践的有机统一。学生毕业后，按照“学校有责推荐、用人单位面试、学生自愿选择”的原则，可选择安置就业、自主择业或报考大学。截至 2020 年年底，已累计惠及 72 名嘉陵籍建档立卡贫困家庭的学生来武就读，实现了“职教一人、脱贫一家”的目标。

（四）基金“造血”，搭建专项资金“供血库”。由双方政府共同出资，设立东西部扶贫协作精准扶贫基金，对开展技能培训、开发扶贫岗位、吸纳贫困劳动力就业的企业进行奖补。开发公益性岗位，对“两不愁三保障”等方面存在困难的贫困户给予一定救助，支持残疾人就业和创业等。基金池资金来源主要为：以投入示范产业园建设的扶贫项目资金中提出的 8% 预分红款，每年预计 160 余万元；从入驻扶贫公益厂房企业缴纳的租金中按每平方米每月 5 元计提，每年 100 余万元；从东西部扶贫协作专项资金发展的其他产业项目剩余年度分红中提取 40%；其他捐赠资金。

浙江省舟山市：
创新“东西部劳务协作 2+1 扶贫机制”

浙江省舟山市积极创新“东西部劳务协作 2+1 扶贫机制”，促进两地劳动力资源供需精准对接，取得显著成效，入选人力资源社会保障部“2019 年人社扶贫典型事例”和“2020 年人社扶贫助力全面建成小康社会优秀成果”。2020 年全年，舟山市克服新冠肺炎疫情影响，成功帮助中西部 22 省贫困人员在该市稳定就业 7030 人，帮助对口帮扶 4 省贫困人员在该市稳定就业 1943 人，分别完成浙江省省定指标的 1105% 和 1340%。

一、创新“2+1”机制，开展订单式精准合作

舟山市找准互利合作点，创新推出“东西部劳务协作 2+1 扶贫机制”，先后开办了机电、旅游管理、海员等专业“2+1”订单班，共组织 400 余名四川达州籍人员来舟，帮助其实现技能脱贫，有效推进四川省达州市富余劳动力和浙江省舟山市企业用工需求的精准对接，开创了东西部扶贫互利共赢的一条有效渠道。

（一）校校合作，创新“技能提升 + 订单就业”合作模式。立足海洋产业集群的发展需求，以机电为重点专业，积极促成舟山技师学院与达州职业技术学院建立合

作机制，采用“2+1”办学模式，即达州职业技术学院的学生先在本地学习 2 年，第 3 年再选派部分学生到舟山培训实习并以订单方式就业，形成两地衔接的技能人才培养长效机制。学生在舟山技师学院期间的食宿费、培训费等由政府买单，在企业实习期间的食宿费由企业保障，并享受交通费补贴和每月 3000~4000 元的实习工资。目前，舟山市已成功开办了三期“2+1”机电班，培养学员 140 多人，留舟学员均安排到舟山的绿色石化、船舶修造等企业工作，月平均工资在 6000 元左右，实现了“一人就业，全家脱贫”的目标。

（二）校企合作，创新“见习实习 + 学费补贴”合作模式。针对海岛旅游行业用工特点，促成舟山酒店餐饮企业与达州地区职业院校合作，帮助达州在读贫困学生到舟山企业实习，并提供免费交通、食宿以及每月 3000 元的顶岗实习工资。目前，浙江海中洲集团、舟山喜来登大酒店等酒店餐饮企业已滚动接收 5 批次共 190 余名宣汉职业中专的学生来舟实习，既帮助企业顺利度过春节前后以及旅游旺季的用工难关，又帮助学生在实践中增长了才干、增加了见识。实习期间的收入为贫困学生缓解了学费和生活费压力，点亮了更多大山学子的求学之路。

（三）校地合作，创新“政府买单 + 海员培养”合作模式。发挥全国领先的海员培养优势，专门制定“海员班”订单培养方案，由政府全额买单，从达州招募贫困劳动力，并牵头协调舟山市航海学校以及海事、港航、工商联等部门，提供“入学—培训—考证—实习—就业”一条龙服务，探索出了一条海员培养的长效机制。培训期间，还积极鼓励有能力的学员考取油操、机工英语等证书，帮助其与油品运输、国际海运企业签约，进一步提高工资待遇。目前，该市已成功开办 3 期“海员班”，培训学员 70 余人，其中第一期学员已完成海上实习，第二期学员也已完成考证并陆续登船实习，学员转正后月薪 8000~10 000 元，“海员班”机制得到成功“试水”。

二、创新“淘就业”平台，打通互联网招聘渠道

“淘就业”平台集合了招聘求职、技能培训、校企对接、劳务协作等功能，用户可以通过平台淘岗位、淘人才、淘技能、淘培训、淘服务。舟山市以“淘就业”平

台为依托，创新招聘渠道，构建“网站联盟、订制招聘、网络洽谈”的立体式招聘平台，实现供需精准对接。

（一）网站联盟，创新“跨区域劳务用工信息共享”机制。建立两地公共人力资源服务网站联盟，实时向宣汉县、万源市提供企业最新用工信息，形成跨区域、常态化的人力资源市场信息共享和发布机制。特别是2020年受新冠肺炎疫情影响，舟山市充分发挥网站联盟作用，与宣汉县、万源市共同组织召开了网上专场招聘会，并通过“点对点”包车的形式从当地输送了4批次近100人到舟山企业就业，有力促进了两地供需的精准对接。

（二）定制招聘，创新“个性化对口扶贫专场招聘”机制。组织舟山市缺工企业赴达州市宣汉县、万源市召开专场招聘会，特别是根据当地劳动力特点，个性化定制招聘需求，主动降低招聘门槛、提高待遇保障，重点推出水产品加工、机械制造、酒店等技能要求不高又适合贫困人口就业的普通岗位，同时也为返乡大学生提供了管理、设计、研发等适宜的高薪岗位。截至2020年年底，舟山市已组织召开浙川东西部就业扶贫劳务协作招聘会4场，共61家次的企业参加，推出6199个岗位，达成初步就业意向380人。

赴对口帮扶地区对接工作

（三）网络洽谈，创新“网络化远程视频洽谈招聘”机制。发挥“淘就业”平台线下线上联动的优势，通过两地远程视频连线，开展“一对一”招聘洽谈。该招聘模式为两地企业和求职者提供了一个优质、快速、个性化的“零距离”互动平台，打破了时间、地域的限制，同时降低了舟山企业的招聘成本和对口帮扶地区求职者的求职成本，缩短了时间，提高了效率。

三、落实“网格化”管理，实现动态化跟踪服务

舟山市创新构建了“政策扶持、驻站服务、动态跟踪”三位一体的服务保障机制，促进了对口地区建档立卡贫困劳动力稳定就业。

（一）政策扶持，创新“市场化劳务协作参与”机制。出台《关于切实做好东西部扶贫劳务协作的通知》和相关实施细则，鼓励企业大力开发爱心岗位并吸纳对口扶贫地区建档立卡贫困劳动力就业，引导人力资源服务机构、职业中介机构等市场主体参与扶贫劳务协作。目前，浙江海中洲集团有限公司、浙江大洋兴和食品有限公司和舟山英海丰船舶工程有限公司因吸纳建档立卡贫困劳动力数量较多、成效较好，获评舟山市首批市级“东西部扶贫劳务协作就业扶贫基地”。

（二）驻站服务，创新“多元化劳务协作联络”机制。成立了“舟山—达州劳务协作联络服务站”，联络站主要以达州籍在舟务工人员为服务对象，形成从招聘、输送到就业、跟踪的“一条龙”式服务链，对两地劳务对接起到了关键性的枢纽作用。定海—宣汉、普陀—万源也分别设立了对口帮扶联络点。

（三）动态跟踪，创新“网格化动态跟踪管理”机制。依托“全员就业动态登记制度”，将对口帮扶地区来舟山就业人员全部作为重点，逐一落实到社区劳动保障平台进行跟踪管理服务。通过社保数据比对、电话沟通联系、上门入户走访等方式，对在舟山就业的建档立卡贫困劳动力名单进行逐一摸排，全面掌握对口帮扶地区贫困人口就业情况。

浙江省杭州市高新区：
精准施策 “靶向”发力 打造就业扶贫“滨江模式”

浙江省杭州市高新区（滨江）人力资源和社会保障局紧紧围绕精准扶贫目标，坚持“扶智先扶志”理念，以“造血式扶贫”为导向，创新帮扶理念，积极探索新模式，全力做好与贵州省黔东南苗族壮族自治州麻江县、丹寨县和湖北省恩施土家族苗族自治州建始县的扶贫协作，针对贫困社会青年、贫困职业院校学生、女性贫困劳动力分别探索出了“花都”“宇视”“月嫂”三个样板，形成了“扶志、扶智、扶技、扶贫”的组织化、专业化、规模化转移就业扶贫新模式。

一、围绕“扶技”，创新举措，推进组织化转移就业

（一）开展定制培训。高新区（滨江）人力资源和社会保障局联合丹寨县、麻江县人力资源和社会保障局、浙江省花都美容美发培训中心开办美容美发培训班，根据学员特点量身定制培训课程。连续三年开展定制式技能培训，为取得职业资格证书并在高新区（滨江）实现转移就业的建档立卡学员提供全额培训补助。2018 年以来，累计组织丹寨县、麻江县 61 名对口帮扶贫困青年参加美容美发技能培训，在就业推荐方面开辟绿色通道，就业率达到 90% 以上。

（二）强化“扶技”实效。鼓励和引导贫困学员参加浙江省美容美发职业技能竞赛，2018 年以来，共有 10 余名学员在浙江省美容美发职业技能竞赛中获得佳绩，贵州省领导多次看望学员并给予肯定。潘英、马定琴、满益雄等回乡创业；在杭州工作的伍佐山月薪也超过 6000 元。这些典型人物的成功案例形成了良好的示范效应，激励贫困人员走出大山、学习技能、就业脱贫。人民日报等多家媒体对此进行了报道。

（三）给予专项补贴。高新区（滨江）人力资源和社会保障局为培训学员每人每月提供 3500 元的培训和生活专项补贴，以激发对口地区贫困青年参加技能培训的热情，减轻贫困青年的生活压力，让他们安心学习。

二、围绕“四型”，创新模式，推进专业化转移就业

（一）共建校企合作模式。高新区（滨江）人力资源和社会保障局着眼青年专业技术人才培养，联合丹寨县人力资源和社会保障局、丹寨县民族职业技术学校与浙江宇视科技有限公司（以下简称“宇视科技”）签订四方合作协议，创建课程设置与岗位需求对接、学习内容与就业方向对接、教学过程与工作过程对接的有效载体，由宇视科技提供师资，采取专家实地授课和网络远程视频相结合的方式，在丹寨县

“宇视实训班”学员赴宇视科技就业实习欢迎仪式

民族职业技术学校建立“校企共建实训室”，并在宇视科技设立实习基地，提供工学交替实习和就业岗位，为丹寨县民族职业技术学校定向培养安防领域技术人员。

（二）实现多方多赢格局。2018 年以来，“宇视实训班”共招收学员 203 人（其中建档立卡人员 138 人），与正式员工同工同酬，平均工资 4000 多元，最高可达 5500 元，6 个月实习期满后实行双向选择就业，进一步拓宽高质量就业渠道。目前已探索形成了“订单、定向、输出、扶智”四型精准帮扶新模式，带动更多贫困劳动力高质量就业，同时解决了滨江企业用工难问题，实现了双方资源互补、合作共赢。

（三）给予专项补贴激励。为更好地激励学生完成实训，加大政策引导，高新区（滨江）人力资源和社会保障局每年给予“宇视实训班”在读建档立卡丹寨学生每人 4500 元的专项补贴，从中为品学兼优学生发放总金额为 10 000 元 / 学期的奖学金，为每名学生发放 300 元 / 月的生活补贴。

三、围绕特色，创新理念，推进规模化转移就业

（一）技能培训实现转移就业。高新区（滨江）人力资源和社会保障局联合建始县人力资源和社会保障局摸底建始县贫困妇女基本情况和就业需求，将 30~50 岁年龄段女性作为帮扶就业的重点目标人群，与杭州宝妈乐国际连锁机构合作开创订单式帮扶链，率先在建始县推出订单式技能培训试点。两地人力资源社会保障部门、培训机构、用人单位签订四方合作协议，合力构建系统性的技能扶贫机制，推进就业帮扶升级增效。2019 年，滨江—建始对口帮扶劳务协作技能培训“育婴员技能提升班”在高薪区（滨江）正式开班，16 名建档立卡学员顺利结业并与用人单位签订就业劳动合同，其中 14 人获得国家职业资格五级（初级技能）证书，6 人通过参加 2019 年杭州市育婴员职业技能竞赛，成功获得育婴员高级工（三级）证书。高新区（滨江）人力资源和社会保障局为培训学员提供每人每月 3800 元的培训和生活专项补贴。

（二）深入荆楚开展月嫂培训。2020 年是脱贫攻坚收官之年，突遇新冠肺炎疫情，给扶贫工作带来了新的挑战。高新区（滨江）人力资源和社会保障局及时转变将人员输送到杭州培训并转移就业的思路，派杭州悦芽健康科技集团公司经验丰富的专业教师赴建始县，与当地培训机构联合开展月嫂培训，共组织两期培训班，培训学

组织开展滨江—建始月嫂技能培训

员 86 名，通过“理论知识 + 实操”课程，手把手地教那些没有技能但有劳动能力的女性掌握一技之长，培养她们优质的服务意识、精湛的专业技能和良好的礼仪，让她们有职可入，实现了学习技能、降低培训成本和疫情防控“三赢”的效果。

（三）联手共育“建始月嫂”品牌。脱贫攻坚三年来，高新区（滨江）、建始县把月嫂订单式培训作为劳务对接的重点项目，已成功举办培训班 36 期，共培训 1337 人。建始县长梁镇天生村贫困户杨宏春是高新区（滨江）加强与建始县劳务协作、“扶技”促就业、打造“建始月嫂”品牌的一个缩影。2018 年，杨宏春参加高新区（滨江）在建始举办的月嫂培训后，凭借优异的成绩，在高新区（滨江）“喜月月子中心”就业，首月就拿到 7000 元工资，2019 年她的月工资已过万元。2020 年，杨宏春已经成为建始彼岸母婴服务有限公司的一名培训教师，以其专业技能和丰富育婴经验，帮助培养更多“建始月嫂”，带动建始女性脱贫致富。

浙江省宁波市：“进得来　稳得住　能融入”

针对当初对口地区贫困人员来甬就业意愿不强的情况，浙江省宁波市进一步解放思想、迎难而上、全力攻坚，成功实现建档立卡贫困人员来甬就业从“出不来、没人来”到“踊跃来、抢着来”，确保建档立卡贫困人员能够“进得来、稳得住、能融入”。2018 年对口地区贵州省黔西南布依族苗族自治州（以下简称“黔西南州”）、吉林省延边朝鲜族自治州（以下简称“延边州”）两地来甬就业建档立卡贫困人员 1067 人，2019 年达到 2332 人。2020 年以来，对口地区建档立卡 3710 人，均实现就业稳定、收入稳定。

一、发挥组织优势，想方设法让贫困劳动力“进得来”

（一）全力稳住就业大局。浙江省宁波市和贵州省黔西南州、吉林省延边州主要领导召开东西部扶贫协作“云端会商”会议，商定合作框架；人力资源社会保障、支援合作等相关部门也第一时间进行对接协作，分层分级签订就业扶贫协议。宁波市及时召开全市就业工作领导小组（扩大）会议，指导各地建立就业工作专班，推动形成全市“大就业”格局，出台《关于进一步做好稳就业工作的实施意见》（甬政

新冠肺炎疫情期间返岗专列的欢迎队伍

办发〔2020〕41 号)，全面部署“十个一批”系列稳就业措施。

（二）全力保障复工复产。新冠肺炎疫情高峰期间，面对门难出、路难行和岗位供给不稳定对建档立卡贫困人员返甬上岗的严重影响，宁波市把确保贫困劳动力及时安全返甬并持续稳定就业纳入全市企业复工复产用工保障整体工作，在浙江省率先创新“十省百城千县”就业协作机制，编制全国来甬“劳动力分布热力图”，设立就业服务联络专员，构建起贫困人员出村门、上车门、进厂门的“绿色通道”；开通“宁波欢迎你”返岗专列，累计包车超 5000 辆次、包机 12 架次、开通专列 29 趟，接返务工人员超 14 万人，其中对口两州 3464 人。

（三）创新招人机制模式。2020 年以来，宁波市人力资源和社会保障局主要领导先后 4 次带队到对口地区考察对接帮扶工作，其他层面互访往来 30 余次，推送全市岗位需求信息 8 万多条次，组织多家宁波企业深入对口地区举办招聘活动 33 场次。引入市场机制，借助第三方机构在组织输送及稳定就业等方面优势，有效提高劳务协作组织化、专业化水平。宁波市宁海县通过专业劳务公司在黔西南州晴隆县乡镇建立工作站，一次就组织 200 余人来甬就业。抓住关键节点，充分利用传统节日和农忙时节人员集中返乡的有利时机，及时组织活动，有效提高人员入场率和招聘成功率。创新以人带人模式，积极引导和鼓励在甬就业人员“老人带新人”“老乡带老乡”，带动更多同乡亲友来甬就业。黔西南州普安县贫困劳动力马仕笔，在镇海区和普安县两地牵线下，来到了镇海区的泰来模钢（宁波）有限公司，通过几年的奋斗，现已有稳定的收入，在帮助女儿圆梦贵州民族大学后，也带领儿子来甬实现高质量就业，成为“父子同事”。

二、加大政策扶持，多措并举保障贫困人员“稳得住”

（一）出台专门政策。在浙江省率先出台《关于加大东西部扶贫协作对口地区就业扶贫政策支持力度的通知》，将对口地区建档立卡贫困人员纳入就业创业扶持范围，同等享受宁波市就业困难人员政策待遇。对接收就业的用人单位，实行每人每年不超过 2 万元的吸纳就业扶贫岗位补贴，同时配套职介补贴、实习补贴和一次性求职创业补贴等政策。

（二）增设爱心岗位。鼓励和动员用人单位针对建档立卡贫困人员特点，开发“不限性别、不限文化、不限技能”的零门槛儿、辅助性爱心岗位，并提供每月不低于 5000 元薪资及安排食宿的待遇。截至目前，宁波市累计开发和保持爱心岗位超 1 万个，累计发放爱心岗位补贴 2498 万余元，惠及 4955 人次。例如，协调先锋电器集团有限公司专门为因新冠肺炎疫情失业的安龙县聋哑夫妻吴装金、何德敏开设适合岗位，并安排其同行的 4 位亲朋好友就近上岗，方便照料，让他们能够“像普通人一样追求美好生活”。

（三）强化稳岗监测。建立每周一调度、一研判的工作制度，加大对建档立卡贫困人员在甬就业情况动态监测和余缺调剂力度，特别是对由于原务工企业减少用工或人岗不适等原因调换就业岗位的贫困劳动力，由专人跟进开展稳岗处置工作，确保贫困劳动力不因企业原因而失业。宁海县组建“乡音”志愿团促稳岗就业，象山县“零缝隙”关爱，都做到了就业全流程服务。

三、搞好贴心服务，积极主动保障贫困劳动力“能融入”

（一）解难纾困稳人心。加强建设立体化、市场化扶贫帮困体系，整合调动各方资源力量参与，增强在甬就业人员的心理认同。开展“安心入甬”服务，及时出台优惠政策，发放稳岗就业补贴、交通费补贴、实习补贴等，打破务工人员入职前期开销相对较大、收入相对较低的困境。

（二）人文关怀暖人心。对表现优秀的在甬就业人员，在就业创业等方面给予政策优惠。加强社会化引导，加大针对性扶贫政策、典型事迹宣传力度，推动形成社会齐参与、大家献爱心的良好氛围。宁波市北仑区推出夫妻岗、父子岗、兄弟岗等亲情岗位，并提供夫妻宿舍。位于奉化区的宁波菱创自动化科技有限公司根据贫困人员身体素质、技能水平等实际情况，设置扶贫车间，开发单独流水线。

（三）党建引领聚人心。支持对口地区在甬成立务工人员临时党组织，定期开展主题党日活动，推行务工人员议事机制、共治机制，引导建档立卡贫困人员在甬安心就业。宁波市江北区还邀请区内黔西南籍务工人员代表列席区人民代表大会，切实增强务工人员的归属感。黔西南州贞丰县挽澜镇的建档立卡贫困人员李桂花 2018 年 12 月进入浙江广博集团股份有限公司工作，通过企业的培养和自身努力，一路从学徒做到班组长，从企业新员工成长为招工宣传员，吸引帮助曾为贫穷所困的乡亲来甬务工，2019 年年底李桂花还递交了入党申请书。

安徽省黄山市歙县：

打造“一三五”模式　帮扶贫困户就业增收

安徽省黄山市歙县创新建设“一三五”就业帮扶模式，即“一个就业脱贫产业园 + 三大就业扶贫基地 + 五类就业扶贫岗位”模式，持续发挥就业帮扶主渠道作用，引导基地创造更多就业岗位，支持培训机构强化对贫困户技能培训，开发适合贫困户扶贫岗位，加快促进农村贫困人口向城镇和第二、三产业转移，帮助贫困劳动者就近转移就业和稳定就业。

一、扶贫园区搭平台

以经济开发区为依托，打造就业扶贫产业园，一批热心公益、能提供就业岗位、待遇稳定的企业被认定为就业扶贫基地。每个就业扶贫基地均配备 1 名人力资源和社会保障服务专员，深入落实各项惠企政策，鼓励企业（扶贫基地）吸纳贫困劳动力。

二、三大基地帮就业

（一）建设一批就业扶贫基地。建设企业就业扶贫基地，开发就业岗位。基地对贫困劳动者专设档案，一人一档，因人扶持，因人施策，因人定岗，应帮尽帮。

（二）建设一批居家就业基地。立足乡村旅游、农业产业资源，积极建设特色居家就业基地，对基地负责人和务工贫困劳动者分别给予奖补，引导乡村能人、农业产业龙头基地、合作社吸纳贫困劳动者就近就地就业、灵活居家就业。

（三）建设一批技能培训基地。依托就业技能培训机构建设一批技能培训基地，围绕家政服务员、育婴员、电子商务师、茶艺师等职业（工种）培训贫困劳动者，通过技能培训帮助贫困劳动者实现就业，技能培训脱贫效果显著。

三、五类岗位促就业

围绕贫困户需求，开发一批转移就业岗、园区稳定就业岗、居家就业岗、扶贫公益岗、灵活就业岗，全力帮助贫困户多形式就业增收。组织专列、专车等，为农民工返回用工集中地区（企业）提供“点对点”出行服务，并发放交通费补贴，帮助农民工县外转移就业；企业就业基地提供稳定就业岗，吸纳贫困劳动者就业；开发居家就业岗吸纳贫困劳动者；提供扶贫公益岗吸纳贫困劳动者就业；各类公益事业建设安排贫困人口临时务工；村内项目建设优先安排贫困人口务工，并明确光伏扶贫电站要确保 80% 以上的收益用于扶贫公益岗的劳务报酬和参加村级公益事业建设的临时性补助，多渠道帮助贫困户就业增收。

安徽省淮北市濉溪县：
培育“小老板” 助力“大扶贫”

安徽省淮北市濉溪县以创业带动就业的小老板培育工程为抓手，以返乡创业试点县建设为契机，以带扶贫促扶贫为目的，出台一系列优惠政策，探索出濉溪县独具特色的“小老板＋扶贫”模式，走出了一条小老板带扶贫返乡创业促扶贫的创新之路。

一、强化组织领导，健全工作体系

成立小老板培育工程领导小组，由县主要领导任组长，出台系列配套文件，为小老板带扶贫返乡创业促扶贫工作的有效开展提供了组织、制度和政策保障。

二、强化舆论宣传，营造创业氛围

印制《就业创业优惠政策汇编》和“全县创业小老板投身脱贫攻坚战倡议书”；制作“创出一片天”创业专题宣传片；开展小老板培育工程创业报告团巡回宣讲活动；每年从带动贫困户就业人数较多的创业小老板中评选出 40 名“创业明星”和 20 名“返乡创业之星”，给予每人 2 万元资金奖励；走进企业，宣传小老板带扶贫返乡

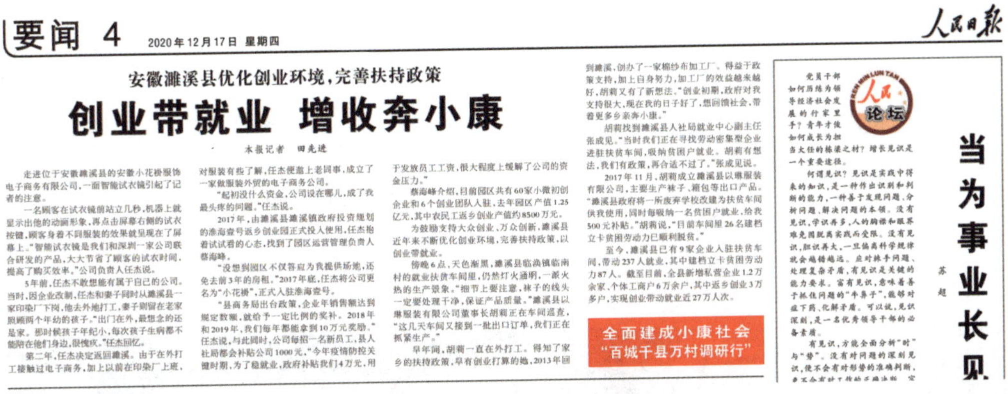

要闻 4 2020年12月17日 星期四 人民日报

安徽濉溪县优化创业环境，完善扶持政策

创业带就业 增收奔小康

本报记者 田先进

走进位于安徽濉溪县的安徽小花褂服饰电子商务有限公司，一面智能试衣镜引起了记者的注意。

一名顾客在试衣镜前站立几秒，机器上就显示出他的动画形象，再点击屏幕右侧的试衣按键，顾客身着不同服装的效果就呈现在了屏幕上。“智能试衣镜是我们和深圳一家公司联合研发的产品，大大节省了顾客的试衣时间，提高了购买效率。”公司负责人任杰说。

5年前，任杰不敢想能有属于自己的公司。当时，因企业改制，任杰和妻子同时从濉溪县一家印染厂下岗，他去外地打工，妻子则留在老家照顾两个年幼的孩子。“出门在外，最想念的还是家。那时候孩子年纪小，每次孩子生病都不能陪在他们身边，很愧疚。”任杰回忆。

第二年，任杰决定返回濉溪。由于在外打工接触过电子商务，加上以前在印染厂上班，对服装有些了解，任杰便邀上老同事，成立了一家做服装外贸的电子商务公司。

“起初没什么资金，公司设在哪儿，成了我最头疼的问题。”任杰说。

2017年，由濉溪县濉溪镇政府投资规划的淮海壹号返乡创业园正式投入使用，任杰抱着试试看的心态，找到了园区运营管理负责人蔡海峰。

“没想到园区不仅答应为我提供场地，还免去前3年的房租。”2017年底，任杰将公司更名为“小花褂”，正式入驻淮海壹号。

“县商务局出台政策，企业年销售额达到规定数额，就给予一定比例的奖补。2018年和2019年，我们每年都能拿到10万元奖励。”任杰说，与此同时，公司每招一名新员工，县人社局都会补贴公司1000元。“今年疫情防控关键时期，为了稳就业，政府补贴我们4万元，用于发放员工工资，很大程度上缓解了公司的资金压力。”

蔡海峰介绍，目前园区共有60家小微初创企业和6个创业团队入驻，去年园区产值1.25亿元，其中农民工返乡创业产值约8500万元。

为鼓励支持大众创业、万众创新，濉溪县近年来不断优化创业环境，完善扶持政策，以创业带就业。

傍晚6点，天色渐黑，濉溪县临涣镇临南村的就业扶贫车间里，仍然灯火通明，一派火热的生产景象。“细节上要注意，袜子的线头一定要处理干净，保证产品质量。”濉溪县以琳服装有限公司董事长胡莉正在车间巡查，“这几天车间又接到一批出口订单，我们正在抓紧生产。”

早年间，胡莉一直在外打工。得知了家乡的扶持政策，早有创业打算的她，2013年回到濉溪，创办了一家棉纱布加工厂。得益于政策支持，加上自身努力，加工厂的效益越来越好，胡莉又有了新想法。“创业初期，政府对我支持很大，现在我的日子好了，想回馈社会，带着更多乡亲奔小康。”

胡莉找到濉溪县人社局就业中心副主任张成见。“当时我们正在寻找劳动密集型企业进驻扶贫车间，吸纳贫困户就业。胡莉有想法，我们有政策，再合适不过了。”张成见说。

2017年11月，胡莉成立濉溪县以琳服装有限公司，主要生产袜子、箱包等出口产品。“濉溪县政府将一所废弃学校改建为扶贫车间供我使用，同时每吸纳一名贫困户就业，给我500元补贴。”胡莉说，“目前车间里26名建档立卡贫困劳动力已顺利脱贫。”

至今，濉溪县已有9家企业入驻扶贫车间，带动237人就业，其中建档立卡贫困劳动力87人。截至目前，全县新增私营企业1.2万余家、个体工商户6万余户，其中返乡创业3万多户，实现创业带动就业近27万人次。

全面建成小康社会
“百城千县万村调研行”

人民论坛

当为事业长见

苏超

党员干部如何历练为领导经济社会发展的行家里手？青年才俊如何成长为担当大任的栋梁之材？增长见识是一个重要途径。

何谓见识？见识是实践中得来的知识，是一种作出识别和判断的能力，一种善于发现问题、分析问题、解决问题的本领。没有见识，学识再多，人的胸襟和眼界难免因脱离实践而受限。没有见识，胆识再大，一旦偏离科学规律就会越错越远。应对棘手问题、处理复杂矛盾，有见识是关键的能力要求。富有见识，意味着善于抓住问题的“牛鼻子”，能够对症下药、化解矛盾。可以说，见识深刻，是一名优秀领导干部的必备素质。

有见识，方能全面分析“时”与“势”。没有对问题的深刻见识，便不会有对形势的准确判断，

对濉溪县小老板带扶贫返乡创业促扶贫工作的宣传报道

“着力开展返乡创业工作 引导外出人员返乡创业”新闻发布会

创业促扶贫优惠政策，鼓励小老板积极吸纳更多建档立卡贫困劳动力就近就业。

三、加大资金扶持，强化瓶颈破解

一是设立创业专项扶持资金，专门用于扶持小老板带扶贫返乡创业促扶贫工作。

二是加大融资担保资金投入，做实创业担保贴息贷款工作。

三是提高创业担保贷款额度，予以重点扶持。

四是鼓励贫困户通过创业实现脱贫。对建档立卡贫困劳动力首次创业并稳定经营不少于6个月的，给予一次性创业扶持补助5000元。截至2020年年底，已为104

名贫困劳动者发放初次创业补贴 52 万元。

五是对吸纳贫困劳动者就业的小老板，按照贫困劳动者每月实发工资 50% 的标准给予企业岗位补贴（人均补贴标准每月最高 500 元），并为贫困劳动者发放每人每月 300 元的就业补贴。截至 2020 年年底，累计发放企业吸纳贫困劳动者岗位补贴 122.25 万元，发放贫困劳动者就业补贴 68.17 万元。

贫困劳动者在扶贫车间内工作

四、强化平台建设，健全服务体系

一是完善县、镇、村三级就业创业服务平台。成立了 1 个县级中心，13 个事务所，238 个就业和社会保障服务站，实现基层就业创业服务平台全覆盖。

二是加大创业园建设。改建农民工创业园 11 个，电子商务产业园 1 个，省级返乡创业示范园 2 个，就业扶贫车间 9 个，进入孵化基地的创业小老板三年内享受房租减免优惠政策。

三是成立濉溪县创业促进会，并设立乡镇分会和行业分会，为创业者相互交流、相互促进搭建平台。截至 2020 年年底，创业促进会已发展会员企业近 300 家。

五、强化技能培训，提升就业创业能力

一是建立1个县级创业指导中心，12个创业指导站，30个创业实训基地，形成以县创业指导中心为主体，镇创业指导站为分支的创业指导网络体系。

二是大力开展创业培训，共举办各类创业培训班687期，培训学员47 162人，提升了创业者的创业能力。

三是开展高校素质提升培训，选拔文化程度高、创业项目有发展潜力、积极投身扶贫事业的年轻小老板赴高校进行素质提升培训，提升小老板的企业管理水平。

四是开展技能脱贫培训，目前已开办技能脱贫培训班39期，1915名贫困劳动者参加了培训，提升了就业创业技能。

五是开展创业创新大讲堂活动12期，向广大群众面对面地宣讲小老板带扶贫返乡创业促扶贫有关政策。

六是建立创业者经验交流学习机制，举办创业者学习经验交流活动。

自2011年小老板培育工程实施以来，濉溪县新增私营企业12 815家，个体工商户62 616户，其中返乡创业31 116户；发放创业担保贷款13.26亿元，实现创业带动就业近28万人次，150余名贫困户通过创业成为小老板，实现了脱贫致富，有力地推进了县域经济发展，增加了城乡居民收入，助力了脱贫攻坚。在县域经济运行考核中，濉溪县连续多次获得安徽省“就业工作先进县”称号。

福建省漳州市漳浦县：

打造“三个一百” 拓宽群众就业脱贫新路

一人就业，全家脱贫。一直以来，福建省漳州市漳浦县人力资源和社会保障局千方百计拓宽贫困群众就业渠道，多举措有序推进就业精准扶贫工作，坚持打造就业扶贫“三个一百”：“人工＋机器人”就业服务，实现服务群众满意率百分百；开发百个公益性岗位，让贫困户变身“工薪”族；创新服务机制，有效整合资源，百名就业扶贫专员上岗。打造“三个一百”扶贫路，推动全县贫困群众端上“铁饭碗”，开启脱贫增收“薪天地”。

一、“人工＋机器人”就业服务，实现服务群众满意百分百

为解决人工就业服务覆盖不全的短板，着眼提高服务覆盖面和服务质量，漳浦县人力资源和社会保障局于 2020 年 6 月建立“漳浦县 24 小时就业服务平台”（以下简称“平台”），构建起数据管理模型和政策主动服务模型，实现人岗匹配、信息采集与分析、数据统计、动态管理四大功能，精准对接企业和群众需求，进行主动服务，减少多头问、多头跑的现象，将服务成果主动送到企业和就业困难群众手中，打通了就业服务“最后一公里”，实现了“人找服务”向“服务找人”的工作模式转

漳浦县 24 小时就业服务平台服务人员正在办公

变，确保就业服务效率和服务群众满意率百分百。依托智能机器人 24 小时不间断提供在线就业创业服务，拓宽了就业脱贫攻坚新路子，贫困群众和就业困难人员通过拨打漳浦县 24 小时就业服务平台热线电话“3211111”，工作人员和智能机器人依据其身份自画像进行云数据查询，分别为求职人员匹配到合适的岗位。

家住漳浦县六鳌镇龙美村村民林太是漳浦县 24 小时就业服务平台的众多受益者之一。林太是村里的贫困户，家中无稳定收入，他是家中唯一劳力，既要供娃读书，又要奉养年迈患病无劳力双亲，生活十分困窘。因为身体不好，林太没法外出打工，这使他一筹莫展。听说漳浦县人力资源和社会保障局投建了“漳浦县 24 小时在线就业服务平台”，他抱着试一试的心态拨通“3211111”热线电话。接到困难群众的诉求，平台工作人员和智能机器人立刻按照林太的意愿，为他匹配出适宜岗位，推荐他到六鳌镇一处扶贫车间工作，月薪近 2000 元，这解决了林太的后顾之忧。像林太这样通过漳浦县 24 小时就业服务平台实现就近就地就业增收、脱贫致富例子举不胜举。截至 2020 年年底，漳浦县 24 小时就业服务平台已为贫困户、就业困难人员、高校毕业生、失业有求职意愿的人员等及 350 家线上企业服务累计 35 882 人次，其中就业服务 1383 人次、就业推荐 832 人次，培训推荐 255 人次、用工推荐 395 人次、职业培训 2722 人次，技能提升培训 2467 人次。

二、开发百个公益性岗位，让贫困户变身“工薪”族

漳浦县创新就业帮扶新举措，积极开发和加强公益性岗位管理，把公益性岗位与脱贫攻坚、人居环境整治相结合，通过有计划的岗位储备，按照动态调整、排序安置、有限兜底的原则，每年最少集中组织安排一次，重点安置贫困人口中的弱劳动力或半劳动力，根据贫困户自身就业意愿和就业能力，为贫困户量身定制乡镇（村）公益性岗位，做到人适其岗。以就业扶贫小岗位带动贫困群众增收，达到提高贫困群众收入，实现“在家门口就业”和“一人就业，全家脱贫”的愿望，实现就业、务农两不误，同时以就业扶贫乡村公益性岗位推进乡村建设，实现就业脱贫和乡村振兴“双赢”。

截至2020年年底，漳浦县共利用公益性岗位安置贫困户351人。

三、购买百名基层就业扶贫专员，全力服务脱贫户

为确保脱贫路上不落一户、不落一人，漳浦县积极探索就业扶贫新思路，通过政府购买服务方式，向社会公开招聘100名公共管理和社会服务岗位人员，充实建立“就业扶贫专员”，全力帮扶建档立卡贫困家庭成员就业，增加贫困家庭收入，实现“一人就业，全家脱贫”。“就业扶贫专员”采集贫困家庭劳动力就业培训、转移就业、企业吸纳、自主创业以及公益性岗位安置等信息，录入系统管理，再对全县建档立卡贫困劳动力实名制登记入库，按季度对全县建档立卡贫困劳动力信息进行动态更新，为精准服务提供基础信息。同时，通过“就业专员+送岗入户”的“户户见”工作模式，有针对性地推荐就业岗位，动员劳动力就地就近就业。

截至2020年年底，“就业扶贫专员”累计收集68家企业，服务就业岗位1000多个，已服务贫困户家庭成员就业620人。

福建省宁德市福鼎市：

多措并举　促进贫困劳动力实现“家门口”就业

福建省宁德市福鼎市作为闽东老区集中连片扶贫重点区域，脱贫攻坚任务十分艰巨。为解决贫困劳动力就业问题，福鼎市通过完善精准就业扶贫数据、开展精准扶贫技能培训、精准推送就业服务信息、兜底安置贫困劳动力等措施，促进贫困劳动力实现“家门口”就业，走出了一条就业扶贫创新之路。

一、深入基层调查摸底，完善精准就业扶贫数据

依托各乡镇（街道）、村（社区）基层人力资源和社会保障公共服务平台定期对全市 4264 名贫困劳动力开展就业扶贫情况调查摸底工作，动态更新贫困劳动力就业信息、就业意向和职业技能培训需求信息等，并做好后续跟踪服务工作。全市每年投入就业扶贫数据库建设资金 30 余万元，为抓实抓细就业扶贫数据提供资金保障。

二、实施“一户一策”措施，增强贫困户“造血功能”

通过就业扶贫数据库进行逐户分组梳理，细分因病、因学、因残、因缺少劳动力等致贫原因，制定“一户一策”的就业扶贫措施，充分发挥人力资源社会保障部

门职能优势，积极对接民政、教育、农业等部门，用尽用活扶贫政策，为贫困户提供就业、养老保险、医疗保障、失业救助等政策帮扶，让帮扶对象尽早脱贫奔小康。

董选创、翁斯扣夫妇是福鼎市点头镇大坪村建档立卡精准扶贫户。夫妇俩原本靠务农收入为生，年家庭收入不足6000元。2016年，通过大坪村人力资源和社会保障公共服务平台介绍，董选创到本村茶企从事拣茶工作，每月工资可达2200元；翁斯扣兜底安置为精准就业扶贫公益性岗位人员，每月可领取岗位补贴1500元。董选创说："这几年，党的政策好，村里一直在搞建设，对于我们这些困难人员来说，有更多的渠道去挣钱。"

家住福鼎市太姥山镇财堡村的建档立卡精准扶贫户李招斌，父亲因中风长期瘫痪在床，为了照顾父亲，他只能靠务农和打零工维持家庭生计，每月收入仅有300多元。2016年，福鼎市人力资源和社会保障局多次入户了解李招斌家庭情况，得知李招斌掌握一些食用菌栽培技术，也有自主创业意愿，但苦于技术不成熟，且缺乏创业资金，所以一直没有创业。市人力资源和社会保障局决定采取"技术+创业"的扶持方案，推荐李招斌免费参加香菇种植技术培训和"创办你的企业"（SYB）创业培训，并帮助申请扶持资金7000元、创业担保贷款5万元，还安排专家为他进行创业指导。2016年10月，李招斌的1万个香菇菌棒投产，月产出2万元；2017年，李招斌被评为宁德市"精准扶贫之星"；2018年，李招斌将业务发展到了上海，投资10多万元试种草菇，当时李招斌说："如果今年草菇试种成功，明年我将把这项技术带回老家，带动家乡父老就业创业。"

三、根据产业结构特点，开展精准扶贫技能培训

福鼎市是全国十大产茶县(市)、"中国白茶之乡"，享有"中国生态合成革产业园·福鼎""中国化油器名城"等称号。福鼎市根据白茶、化油器、合成革等产业特点，紧密结合贫困劳动力需求，增强培训内容与市场需求的匹配度，提供各类实用型、多样化技能培训服务，近年来，累计开展26期精准扶贫技能培训，培训贫困劳动力1095人次。

四、构建立体化信息网络，精准推送就业服务信息

通过组织开展精准就业扶贫专场招聘会、就业扶贫行动日、闽宁劳务协作对接服务平台、山海劳务协作对接机制等就业服务活动，为贫困劳动力提供专业化、多样化的服务，平均每年发布适合贫困劳动力就业岗位 1.5 万个。同时通过宣传车、电视台、“福鼎就业微信公众号”、基层人社平台等媒介深入开展“进社区（村）、进家庭”宣传活动，形成了一个多渠道、广覆盖的就业信息发布网络，为贫困劳动力送政策、送岗位。

“进社区（村）、进家庭”送政策、送岗位

五、持续开发公益性岗位，兜底安置贫困劳动力

福鼎市作为宁德市实施开发精准就业扶贫公益性岗位的先行者，先后出台了相关政策文件实施相关举措、取得较好实效：2017 年 2 月，出台《福鼎市精准就业扶贫公益性岗位开发实施方案》（鼎政综〔2017〕22 号），根据各用人单位的实际需求和劳动者的实际劳动能力，重点开发公共服务类、便民服务类等公益性岗位，兜底安置贫困劳动力 70 名；2018 年，出台《关于增加开发精准就业扶贫公益性岗位的通知》（鼎人社〔2018〕311 号），兜底安置贫困劳动力 27 名；2020 年，出台《关于开发 2020 年精准就业扶贫公益性岗位的通知》（鼎人社〔2020〕61 号），兜底安置贫困劳动力 113 名。截至 2020 年年底，全市累计开发精准就业扶贫公益性岗位 210 名，其中有 9 名精准就业扶贫公益性岗位人员成为村居骨干力量。

李某某，新闻学专业本科毕业，其家庭因主要劳动力患病，被纳入建档立卡贫困户范畴。2017 年 4 月，通过开发精准就业扶贫公益性岗位安置李某某在福鼎市太姥山镇竹下村任文员，从事新闻报道工作。授人以鱼不如授人以渔，不仅发挥了李某某个人特长，同时也解决了其家庭困难，真正从源头上起到了帮扶作用。

江西省九江市修水县：

直面问题真抓　创新思路实干

江西省九江市修水县积极摸索总结，完善政策体系，健全工作机制，丰富服务举措，主动寻求“五大转变”，就业扶贫工作取得明显成效。

一、变“下任务”为“报需求”，着力提升技能培训实效

（一）摸清底数，精准服务。依托江西省公共就业服务信息系统就业扶贫模块，通过上门走访、电话联系、数据比对等方式，摸清修水县全县贫困劳动力底数、就业情况、培训需求等信息，不断完善就业扶贫基础台账。

（二）转变思路，提升实效。采取“自下而上”人人报需求的新路子，分类统计并建立全县贫困劳动力培训需求台账，实时掌握培训需求变化。结合当地特色和市场需求组织技能培训，培训效果明显提升。

11个乡镇的贫困劳动力参加油茶培训班

二、变“统筹分”为“动态管”，着力提升公益性岗位效益

（一）分类考核。根据不同岗位性质，制定有针对性的管理考核办法，建立薪酬与考核挂钩的年度动态考核机制，压实不同岗位的工作职责。

（二）全面核查。联合农、林等行业主管部门组成核查小组，到村到户到现场见人，对从事公益性岗位人员的信息、身体状况、在岗履职情况进行全面核查。

（三）动态调整。对公益性岗位进行全面考核，对不符合岗位要求人员及时清退补缺，充分发挥公益性岗位作用。新冠肺炎疫情期间新增了一批疫情防控、消费扶贫等专岗。

三、变“一次定”为“跟踪扶”，着力提升扶贫车间吸纳力

根据扶贫车间认定条件的变化，适时调整认定标准，妥善清理不符合条件、未开工、已合并、已搬迁的企业加工点。同时，由所在乡镇主动对接服务，在就业政策支持、创业贷款、岗前培训、吸纳奖补、招工服务等方面进行跟踪扶持，扶贫车间吸纳贫困劳动力就地就近就业效果明显提升。

四、变“多材料”为“一申请”，着力提升交通补贴覆盖面

针对交通费补贴因申请手续烦琐、材料要求多，致使部分外出务工贫困劳动力无法享受的问题，在深入调研、广泛听取意见的基础上，简化申请手续，外出务工者只需提供一张“交通费补贴申请表”，经核实并公示无异议后即可按程序申请办理。

五、变“全动员”为“精准抓”，着力提升贫困劳动力返岗就业率

（一）“一对一”扫码。新冠肺炎疫情期间开发设计“修水县务工人员服务管理系统”二维码，充分利用网络优势，减少人员接触，让全县贫困劳动力扫码登记，掌握贫困劳动力外出情况，针对想外出务工的贫困劳动力，免费组织专车护送返岗就业。

（二）“点对点”对接。主动联系沿海发达地区来修水县开展“点对点”劳务对

接服务，同时派出就业小分队赴浙江等地实地考察企业，并与当地人力资源社会保障部门签订劳务合作协议，促进劳务输送。

（三）“屏对屏”招聘。利用“修水在线”等网络平台动态发布就业岗位需求信息，与有关单位合作举办“网络直播招聘会”，通过“屏对屏”招聘，促进实现就业。

免费组织专车输送贫困劳动力外出务工

江西省赣州市上犹县：
开创“6+1”模式　打造就业扶贫样板

近年来，江西省赣州市上犹县开创就业扶贫“6+1”模式，不断激发贫困户内生动力，精准提高贫困户就业收入，农村建档立卡贫困人口人均纯收入由2016年的4042元上升到2020年的12 272元，农村居民人均可支配收入由2016年的8494元上升到2020年的12 683元。

一、探索“6+1”模式，激发市场活力，让贫困户就业有岗位、创业有能力

为了摸清摸准贫困群众就业状况和企业用工需求，上犹县对131个行政村和130多家工业企业进行了调研。在调研中发现，一些贫困人口因老弱病残无法跨县务工且不愿在本地入园务工，而选择在家自种自养，家庭增收动力不足。全县16周岁以上的贫困人口中仅有27%实现转移就业，少数贫困群众甚至存在“等、靠、要”思想；与此同时，上犹县工业园企业缺工3500多人，群众就业难与企业招工难的结构性矛盾尤为突出。

如何开发就业岗位，让老弱病残的贫困群众在“家门口”有事干、乐意干，上

犹县在深入学习习近平总书记关于扶贫工作的重要论述，认真研究国家就业扶贫政策的基础上，反复调研分析后，于2016年5月创造性地提出“6+1”模式：“6”就是做大做强乡村扶贫车间、公益岗位、农业基地、新型合作社、劳动就业组织和工业扶贫基地六大平台；“1”就是建立健全一套资金奖补、就业培训、金融支持和动态管理等扶勤不扶懒的激励机制。该模式实施以来，上犹县建设乡村扶贫车间、就业扶贫农业基地、新型合作社、劳动就业组织和工业企业扶贫基地等276个，开发就业扶贫专岗5465个，链接贫困人口就业12 500余人。

与此同时，为了不断激发贫困户的内生动力，对在扶贫车间、就业扶贫农业基地、新型合作社、劳动就业组织和工业企业扶贫基地就业的贫困人口，由财政部门每月发放月工资20%的补助，补助金额每人每月最高不超过150元；对招聘贫困人口就业的企业给予新增场所租金、工资补贴和创业贷款；对有一定劳动能力的贫困人口开展就业技能培训。

二、巩固“6+1”模式，破解难点节点，让贫困户收入可持续、脱贫有奔头

“6+1”模式实施半年后，也出现了一系列问题，例如，乡村扶贫车间货源不稳定、农业基地“靠天吃饭”、新型合作社缺资金、工业扶贫基地难以链接贫困人口、公益性岗位人员只领钱不做事等。对此，上犹县找准问题症结，充分运用市场化手段，破解难点节点，不断巩固完善“6+1”模式。

一是针对乡村扶贫车间规模小、配货难、利润低，单个车间“孤军奋战”难持续发展的问题，上犹县采取“一放（放水养鱼）、二干（苦干实干）、三不怕（不怕碰钉子、不怕得罪人、不怕说闲话）”的创新做法，引进全球知名的光电产业园统一供货，发展“母鸡”带“小鸡”式的扶贫车间。该项目于2016年8月签订合同并落户上犹，至2017年2月，仅用半年时间，9家光电企业和53个扶贫车间就全面开工投产，链接贫困人口就业创业550余人；至2020年年底，15家光电企业和93个扶贫车间全面投产，产值达到12.85亿，纳税4865万元，链接贫困人口就业创业1047

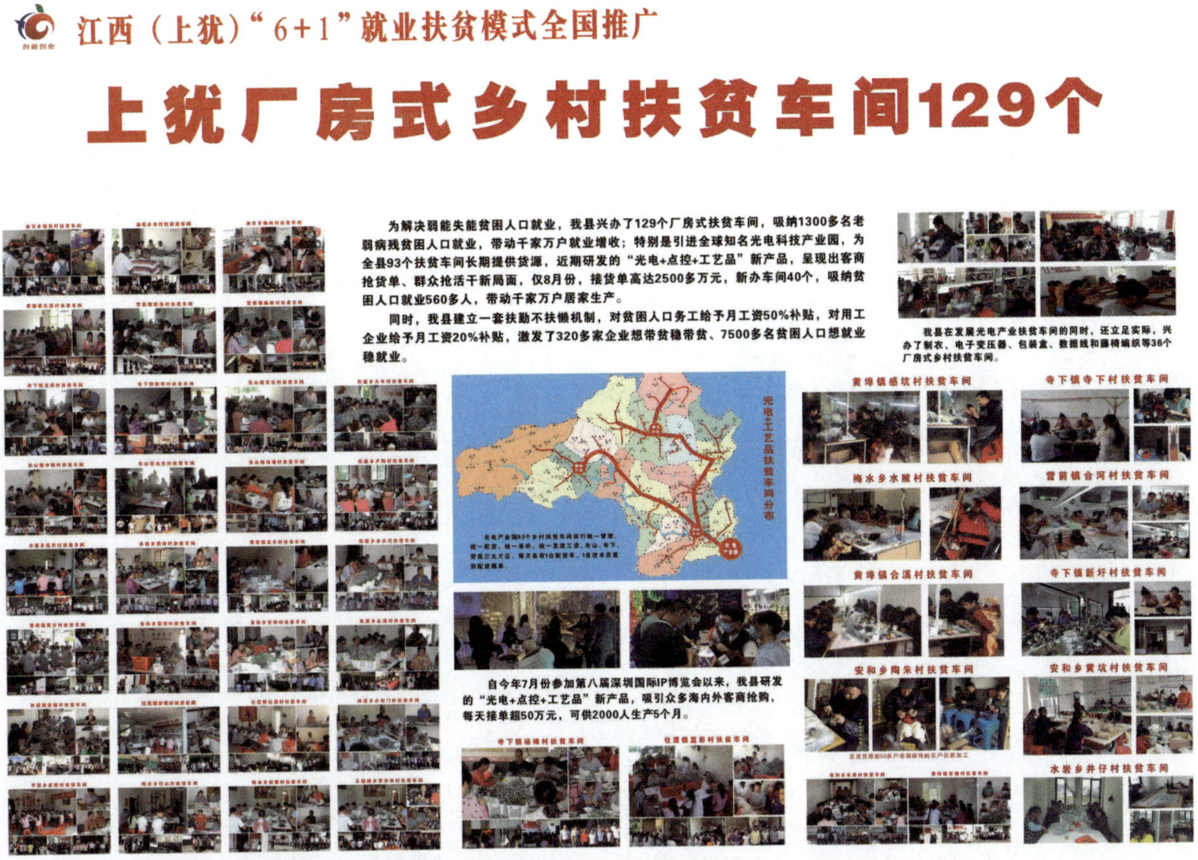

上犹县建设的129个厂房式乡村扶贫车间

人，拥有146项国际国内专利，产品畅销美国、德国、意大利等12个国家，开创了上犹招商引资新速度，闯出了一条高科技企业与脱贫攻坚有机结合的新路子，成为全球知名集研发、生产、营销于一体的新型铜线灯高新科技园，被列为全国就业扶贫典范、全国“万企帮万村”重点项目。

二是针对农业风险大、链接贫困户少问题，上犹县建立集种植、加工、营销“一体化”和养殖、防疫、销售“一条龙”的农业扶贫基地，既链接贫困人口务工，又让贫困户参与种养，保证其有销路、有技术、有资金，同时节约了1/3的成本。如上犹县仙湖米业基地，通过统一提供良种、技术和以高于保护价10%的价格收购，每年带动380多户贫困户种植优质稻，链接贫困人口季节性务工1500多人。上犹县紫阳乡农民方豪加入该公司后每年种粮60多亩，年纯收入7万~8万元。

三是针对公益性岗位人员出工不出力、只领钱不做事等问题，上犹县在全国率先对公益性岗位人员进行“三规范三明确”（规范名称、职责、人员，明确待遇、考核、期限），取消每月固定工资，改为每出勤1天给予50元补贴，一举解决了“人岗不适应”“只领钱不做事”“轮流坐庄”等问题，真正体现了多劳多得的原则，赢得了社会各界的充分肯定，财政部深入调研后，计划在全国推广这一做法。

四是针对贫困户缺资金、缺技术的问题，上犹县建立政企共帮就业扶贫合作社，链接贫困人口就业创业1300多人。例如，寺下镇发展“合作社 + 企业家 + 贫困户”共享养牛模式，筹集资金80多万元，支持200多户贫困户养牛，户均年增收2500元以上。

五是针对工业企业难以链接贫困户问题，打造工业企业扶贫基地15个，安置贫困人口稳定就业570人，并实行有衣穿、有饭吃、有房住、有车接，保收入、保养老、保医疗、保失业、保就读的“四有五保”特殊政策。

六是针对贫困劳动力技能培训不足、针对性和精准度有待提高等问题，上犹县组织全县3000多名村组干部开展劳动力资源调查摸底，重点调查其培训、贷款和就业情况，根据调查情况，对10 381名有培训意愿、劳动能力稍弱的贫困人口进行了就业普惠性培训，发放培训生活费补贴53万元；对1188名有就业意愿的贫困劳动力进行了针对性技能培训。

三、提升“6+1”模式，激发内生动力，让贫困户干事有激情、收入稳提升

为激发贫困户内生动力，让更多贫困户享受“6+1”模式成果，特别是在新冠肺炎疫情期间确保贫困户饭碗端稳、收入不减，上犹县全面提升了“6+1”模式。

（一）扩大六大平台内容，因人施策促就业。根据江西省及赣州市要求，新型

农村合作社、农业产业基地、非正规就业组织等链接贫困劳动力达到要求的实体均列为乡村扶贫车间，上犹县借此契机，将六大平台内容扩大为乡村扶贫车间、就业扶贫公益岗位、促进转移输出就业、就业扶贫技能培训、工业企业扶贫基地、就业扶贫示范园区。在解决老弱病残贫困人口家门口就业问题的基础上，筹集200多万元资金，用于全面提升劳动者技能和补贴贫困劳动力交通费，积极促进转移输出就业。

（二）加大机制投入，凸显扶勤不扶懒原则。近年来，为促进贫困人口就业，国家、江西省、赣州市均出台了系列扶持政策，然而在这些政策实施过程中，一些带贫企业“钻了空子”，例如，对吸纳5名贫困劳动力就业，稳定运行一年以上的乡村扶贫车间，可给予24.4万元的补贴（建设性补助10万元、用工补贴6万元、租金补贴1.8万元、水电费补贴1.2万元、贴息补贴5.4万元），而扶贫车间支付给贫困劳动力的工资却无固定标准，易导致国家补贴高于贫困劳动力工资，从而造成资金使用不精准，甚至滋生腐败。为了让资金使用更精准，更能激发贫困人口内生动力，上犹县调整资金补贴方式，对在扶贫车间、工业扶贫基地就业的贫困人口，财政给予月工资补助由20%提高至50%，补助金额上限由每人每月最高150元提高至300元；对用工实体给予月工资20%的补贴，补贴标准上限为每人每月150元。不仅每年节约1000多万元的扶贫车间补贴资金，而且激发了众多贫困劳动力想就业稳就业、大批企业想带贫稳带贫的热情。黄埠镇感坑村村民肖隆来，妻子患有智障，两个小孩还在上学，2006年因患脉管炎截肢，家庭经济十分困难，在村扶贫车间上班后，每月能挣1300多元。

（三）引进系列爱心产品，解决待返岗人员就业问题。上犹县共有20 527名贫困劳动力，截至2020年3月15日，返岗人员达到17 160人，返岗前40多天有上万名贫困劳动力在家待岗。为解决临时就业的问题，上犹县除了推荐就业信息、安置公益性岗位外，还联系到了1000万只电子盒、3000万只读卡器的加工业务订单，分发给贫困劳动力居家加工，每人每天收入40~50元。

“6+1”模式让千千万万市场主体的“微行为”，汇聚成就业扶贫的“众力量”。

近年来，上犹县共投入 1.35 亿元实施“6+1”模式，取得经济效益 15.6 亿元，让全县有劳动力的贫困家庭就业创业率达到 100%，户均年增收 22 450 元，助推全县 50 个省级贫困村（含 6 个深度贫困村）全部摘帽退出，12 893 户 44 332 人贫困人口全部脱贫，促使上犹县以“零漏评、零错退、高满意度”的成绩实现脱贫摘帽。

江西省吉安市遂川县：

技能扶贫培训助力贫困户脱贫

近年来，江西省吉安市遂川县人力资源社会保障部门全力打好技能扶贫攻坚战，对因缺技术致贫、有培训意愿的建档立卡贫困户实现“应培尽培”，累计培训建档立卡贫困户 26 100 人。2020 年为降低新冠肺炎疫情影响，遂川县就业部门把创业培训打造成实实在在的“民心工程”，采取县城集中办班、举办乡镇创业培训课堂等多种方式，尽力满足贫困劳动力的培训需求。据了解，2020 年共举办企业岗前培训班 47 期，培训学员 2020 人，其中贫困劳动力 198 人；举办电商创业培训班 14 期、家庭服务业（育婴员）培训班 30 期和产生你的企业想法（GYB）创业培训班 35 期，培训学员 2233 人，其中贫困劳动力 424 人，有 98 人成功走上了创业之路。人民日报客户端江西频道发文报道了“吉安遂川：‘三借’助力职业技能提升”。

一、练好技能扶贫培训“三字经”

（一）就业技能扶贫培训工种“多”。开设了创业培训、电商培训，以及汽车驾驶员、保育员、养老护理员、母婴护理员（月嫂）、汽车维修工等职业（工种）培训和园区企业岗前培训，积极开展“政府买单、学员点菜”套餐式专项服务，聘请专业的教学师资授课指导。

开展汽车驾驶员、司炉工、电焊工、叉车工等职业（工种）就业扶贫中长期技能提升培训，共培训建档立卡贫困劳动力5875人，分乡连片开展了动植物种养殖防疫、评茶员、钢筋工等就业扶贫短期技能培训，共培训建档立卡贫困劳动力8014人。在8个深度贫困村举办8期就业扶贫短期技能培训，培训贫困户266人。主要传授农业种植栽培、动物饲养防疫等农村实用技术。

为贫困户提供职业技能鉴定和就业优惠政策咨询服务，对参加就业技能扶贫培训后取得职业资格证书或职业技能等级认定证书的贫困家庭劳动者，每人给予500元的一次性求职补贴。

（二）园区用工对接培训措施“实”。累计举办35期建档立卡贫困户园区用工对接培训，有2176人参加培训后提升了就业技能，培训后有意愿在园区就业的贫困劳动力789人，学员普遍反映培训效果好。分期分批组织贫困户到遂川县职业教育中心参加就业扶贫与园区企业用工对接培训，开设电子装接工、电车缝纫工、木材加工工3个职业（工种）培训，培训期间包食宿，费用全免。采用“理论学习＋实训操作＋企业参观”的培训模式，聘请专业老师授课，在企业实训车间的机器设备上现场演示操作，让每位学员观摩实训，达到理论联系实际、强化专业技能的目的。此外，组织贫困户到园区企业和县创业孵化基地实地参观座谈，增进贫困户对企业用工和创业促进就业的感知和了解。

（三）创业致富带头人培训效果“好”。各乡镇组织输送培训学员，就业部门派人抓好培训监管，对全县342名创业致富带头人进行轮训，培训内容既有市场营销计划、登记注册、组织机构构建、创办和改善你的企业（SIYB）模块模拟、流动资金预测、制订现金流量计划、企业员工管理等相关创业知识，又有种养生产技术、果业安全、农产品安全、茶叶种植与茶园管理、茶叶加工与销售等农村实用技术，并分享创业成功人士的创业经验，现场观摩电商产业园、农业专业合作社或种养殖基地等，通过培训确保每名创业致富带头人带动3户以上贫困户就业，实现1000名以上贫困人口稳定脱贫。

二、切合需求“四心”举办特色培训

（一）倾心办好电商创业培训。2020年以来，遂川县就业部门举办了14期电商创业培训班，其中培训建档立卡贫困劳动力297人；举办家庭服务业培训班30期，其中培训建档立卡贫困劳动力127人。此外，联合县人力资源社会保障、商务、农业农村、林业、茶业等部门对772人开展扶贫培训，帮助贫困人口通过技能培训实现了稳定就业。

针对高校毕业生、农民工、建档立卡贫困劳动力、就业困难人员等重点群体及时推出创业培训服务，为他们倾力打造创业服务平台，安排资深培训师和职业指导人员为其提供个性化指导，提供培训申请、项目开发、政策咨询、开业指导、贷款申报、跟踪服务等一系列服务，并积极运用税费减免、社保补贴、小额贷款等优惠政策对就业弱势群体进行政策扶持，以鼓励他们自谋职业和自主创业。此外，对有自主创业愿望的农村劳动力尤其是外出农民工和贫困劳动力进行摸底排查，统一登记造册，建立创业培训台账，制订创业培训计划。在创业培训课堂上，创业培训师除了为学员讲授市场营销、企业融资、创业理念、创业技巧以及创业计划书设计等知识外，还根据学员们的不同需求渗透“互联网+”等内容的“自助餐”式培训，通过现场互动、讨论交流等方式提升了参加培训人员的创业能力。

（二）精心开展跨省精准对接培训。组织实施县际贫困地区就业扶贫和职业技能扶贫行动。通过发函、乡镇推荐学员、笔试和面试等层层筛选，选出13名年轻学员赴山西省太原市慈善职业技术学校学习烹饪技能，培训为期6个月，通过培训帮助学员掌握烹饪技艺，使他们能够从事厨房中各生产岗位常规辅助工作，制作一些家常饭菜。培训后，考核合格者全部推荐实习就业。

（三）用心举办茶艺师实操技能培训。精准对接江西工业贸易职业技术学院，联合县茶叶局、总工会举办技能培训，培养茶业从业人员有关茶艺知识，丰富“狗牯脑”茶叶品牌文化内涵，促进技能扶贫工作落实，助力大美遂川茶叶产业发展。邀请专家授课，讲解茶叶的产生、发展和茶艺等知识。请江西工业贸易职业技术学院教师进行茶艺实操培训，采取分组操作的方式，带教学员礼仪、接待等技能。全县40余名茶业从业人员参加了培训。

（四）热心打造家庭服务业培训品牌。近三年来，遂川县就业部门共举办了43期月嫂、病患陪护、育婴员、营养餐制作等家政服务业从业人员培训班，培训学员2037人，提升服务技能。

一是理论实操结合。运用“理论授课＋实际操作”相结合的方法，改变过去单纯坐在教室里听老师讲课的传统模式，侧重技能操作实训，让培训学员既能够学到专业的理论知识，又能够提高操作能力。

二是开展针对性培训。家政服务机构需要什么工种，就为他们培训什么工种，鼓励全县家政服务业从业人员持证上岗，为从业人员开辟初级、中级、高级职业技能提升绿色通道。

三是全程监管培训。培训前，要求培训机构认真做好各项准备工作，核对生源情况，有针对性的设计培训内容，选择师资，正规选用教材。在培训过程中，县就业部门派出人员跟踪巡查监管，记录培训考勤，组织学员参加实操训练和理论专业技能考试，以确保培训实效。

学员正在进行技能操作实训

山东省烟台市：

精准帮扶　助力脱贫

扶贫工作开展以来，山东省烟台市把提升贫困劳动力就业创业能力、实现稳定就业作为首要任务，建立就业扶贫台账，狠抓就业援助、技能培训、创业扶持等工作落实，精准帮扶法定劳动年龄内有劳动能力、有就业意愿的建档立卡贫困人员全部实现转移就业。

一、为就业精准扶贫提供大数据支撑

“就业扶贫数据库涵盖了就业扶贫工作的全过程、全要素，在开展扶贫工作的过程中，就像‘度娘’（百度）一样，能够满足我们扶贫过程中的各种信息查询服务需求，例如，贫困人口有哪些，服务需求是什么，扶贫资源有哪些，岗位在哪里，如何进行资源对接等问题，一查便知，特别方便。”蓬莱市新港街道办事处人力资源和社会保障所所长说道。

如何提高就业扶贫工作的精准率和脱贫率？在就业扶贫工作中，烟台市坚持“积极摸查、数据先行、倍增效率”的工作理念，充分发挥市、县（市、区）、镇（街）、社区（村）”四位一体的就业精准服务平台作用，按照“分级管理、共建共

享”的原则进行资源整合，建立了就业扶贫数据库。为全面掌握就业扶贫底数，烟台市公共就业和人才服务中心根据当地扶贫部门公布的有效数据，先后4次组织开展法定劳动年龄内贫困人口就业情况调查摸底，逐村、逐户、逐人走访落实贫困人口就业情况和需求。逐人见面并填写“烟台市建档立卡贫困人员就业情况精准识别卡”，全面掌握法定劳动年龄内贫困人口的劳动能力、就业意愿、文化程度、技能水平，形成了法定劳动年龄内有劳动能力、有就业意愿的贫困人员库，为后续精准帮扶奠定了基础。除此之外，还形成了“公共就业服务人员库”“岗位开发信息库”“技能培训信息库”“创业资源库”等多个子数据库，信息数据覆盖了就业扶贫工作的全过程、全要素，为解决扶贫工作中“谁来扶”“扶持谁”“如何扶”“扶什么”等问题奠定了坚实的基础。

就业扶贫数据库不仅能够提高就业扶贫的精准率和工作效率，更可贵的是，它还能够做到全市信息共享，长岛建档立卡贫困人员王怡便是受益者之一。在了解到王怡有想出岛到烟台市区工作的意愿后，长岛工作人员充分利用就业扶贫岗位数据共享的资源优势，与高新区相关扶贫工作人员对接，为其在烟台市高新区的京航科技园有限公司找到了满意的岗位，使王怡一家实现了安居乐业。2016—2020年精准扶贫期间，全市累计动态法定劳动年龄内有劳动能力、有就业意愿贫困人口75人；14个县（市、区）成立了人力资源和社会保障精准扶贫工作领导小组，日均滚动发布岗位信息800余条、培训机构79家、创业专家顾问团400余人。

二、为就业脱贫搞帽牵线搭桥

扶贫工作期间，莱州市公共就业（人才）服务中心就业扶贫工作人员在法定劳动年龄内有劳动能力、有就业意愿的贫困人员库中查询发现，驿道、朱桥两镇有劳动能力、有就业意愿贫困人口相对集中，为了高效帮扶他们使其尽快找到工作，工作人员李晓军探索采用了“成团参观”的快捷方式，协调驿道、朱桥两镇有就业意愿的6名建档立卡贫困人员到三力汽车配件有限公司、华鲁汽车配件有限公司加工车间现场参观，积极为企业和贫困人员牵线搭桥，史晓令、战立凯2名贫困人员与企业在现场达成了就业意向，找到了适合的工作岗位。

进村入户进行岗位推介

“为了我工作的事，刘大哥真是跑断了腿，真把我们建档立卡贫困人员当成了亲人呀。”招远市蚕庄镇灵山冯家村冯月婷心生感激。在工作排查中，招远市就业扶贫工作人员刘建春了解到，蚕庄镇灵山冯家村冯月婷原在一私营企业做首饰加工，因个人原因离职后想重新就业，刘建春根据冯月婷的实际情况不厌其烦地联系了多家企业帮其求职，最终，冯月婷在山东招金金银精炼有限公司找到了满意的工作，顺利地实现了就业。

“我们就好比红娘，根据建档立卡贫困人员的服务需求，匹配与之相适应的岗位、培训、服务等各式资源，为他们牵线搭桥，实现脱贫摘帽和企业发展的互促共赢。”烟台市公共就业和人才服务中心负责人说道。

烟台市公共就业和人才服务中心还专门出台了《烟台市就业扶贫专项工作方案》，做到分类施策。在精准识别的基础上，结合农村贫困人口的实际需求，深入推行“2+4”农村贫困人口帮扶模式，将农村贫困人口划分为“拟创业”和“拟就业”

两类，对“拟创业”的农村贫困人口，为其提供开业指导、项目推荐、融资支持、创业培训四类创业服务；对“拟就业”的农村贫困人口，为其提供职业指导、岗位推荐、技能培训、结对帮扶四类就业服务，因人因地，因贫困原因、贫困类型分类施策，集中开展就业精准扶贫工作，做到对症下药、分类施治、靶向治疗。截至目前，法定劳动年龄内有劳动能力、有就业意愿的75名建档立卡贫困人员均实现了转移就业。

三、为稳定就业脱贫提供跟踪服务送一程

如何做到“脱贫不返贫”，如何实现“脱贫升级”？为了确保建档立卡贫困人员实现稳定就业脱贫，烟台市人力资源和社会保障局印发《关于进一步做好人社领域精准扶贫工作的通知》（烟人社办发〔2018〕3号），以文件的形式明确实行动态跟踪服务，对法定劳动年龄内有劳动能力的建档立卡贫困人员每月联系服务一次。本着精准扶贫及稳定就业送一程的原则，着力从“思想引导＋技能培训＋政策套餐＋后续跟踪”入手，在加大外部“输血”力度的同时增强其自身“造血”功能，帮扶建档立卡贫困人员实现稳定就业。

招远市玲珑镇沟上社区有一对残疾人夫妇，丈夫梁立柱和妻子王新玲都40多岁，而且都是聋哑人，属一级伤残，一直是村里的低保户，只能靠政府和社区救助生活。扶贫工作启动后，基层就业扶贫工作人员主动上门，鼓励他们自强自立，并为其创业提供量身定制服务。利用他们靠近集市的有利条件，协调社区出资2万元为其在街面翻新租赁了30多平方米的3间门市房；招远市公共就业服务机构主动联系了专业的培训机构为其进行免费的面点制作技术培训，夫妻俩学习馒头、包子、大饼等面食制作技术后成功开办了“招远市梁记馒头房”，现月收入3500多元，满足了生活需要，成功实现了脱贫。

像梁立柱一样接受免费技能培训的贫困人员还有很多。俗话说：“没有金刚钻儿揽不到瓷器活儿”。为了帮助贫困人员将就业意愿变为就业现实，烟台市进一步加大了培训意愿摸底和引导力度，为有劳动能力、有培训意愿的贫困人员实施免费培训，帮助他们掌握或提升进入单位或灵活就业的基本技能，为其实现从“卖苦力打工”

到“凭技能吃饭”的转变奠定基础。2016年以来，烟台市为184名劳动年龄内、有劳动能力且有培训意愿的建档立卡贫困人员开展了免费培训，实现了“愿培尽培”，发放各类培训补贴87 747元；对在承担扶贫任务院校就读的符合条件的259名建档立卡贫困家庭子女落实了免学费、免住宿费、免教材费、免费提供勤工俭学岗位、免费推荐就业岗位、享受国家助学金的“五免一享”政策；积极为符合政策规定的贫困人员进行就业困难人员认定，为吸纳贫困人员就业的单位和灵活就业的个人发放社会保险补贴241 787元。

山东省聊城市：“直通车”带动就业扶贫工作提质增效

山东省聊城市抓住“就业扶贫直通车”全国试点有利契机，以打通服务贫困劳动力“最后一公里”为目标，以服务直通、岗位直通、培训直通和公岗直通为重点内容，打造“四个直通”服务模式，带动就业扶贫工作实现提质增效。

一、服务直通，提升就业扶贫精准度

针对贫困人口普遍存在技能水平低、岗位获得渠道少、信息化应用程度不高、转移就业困难等问题，特别是受2020年新冠肺炎疫情影响，聊城市坚持问题导向，多措并举开展全员服务，确保贫困劳动力就业增收。

（一）力量下沉全员服务。各县（市、区）实行人社干部帮包乡镇制度，抽调精干力量组成工作组，对帮包乡镇贫困劳动力实行全员服务，详细了解贫困劳动力家庭基本情况，以及在就业、培训和创业方面的需求，对贫困劳动力提出的需求实行台账管理、专人负责、限期落实。

（二）用好临时公岗充实就业服务队伍。受新冠肺炎疫情影响，大量农民工无法外出务工，特别是重点群体连续几个月没有务工收入，已经影响到他们的基本生活。

阳谷县劳务服务专业合作社社员正在从事干辣椒包装工作

聊城市充分发挥政策效力，按照“一村一岗”原则，大力开发农村临时公益性岗位，专项从事就业创业服务，不仅解决了部分农村困难人员就业问题，还充分发挥临时公益性岗位工作人员在本村人头熟、情况清的优势，补齐了农村公共就业服务不足的短板，促进了贫困劳动力就业。

（三）创新组织方式，提升市场化就业服务质量。2020年以来，聊城市把培育发展劳务服务专业合作社作为推动乡村振兴、助力精准扶贫的重要举措，在阳谷县开展“党建 + 劳务合作社”试点，形成了“企业订单 + 合作社接单 + 社员选单”及“劳务 + 种养殖专业合作社”两种模式，发展社员近1500人，带动临时性、季节性就业3000余人，有效整合了农村闲置劳动力资源，实行灵活的工时制度，解决了部分年龄偏大、因照顾家庭无法外出就业或者不宜全日制就业人员的务工问题，开辟了农民增收致富的新路径。

二、岗位直通，促进贫困劳动力增收入

聊城市充分挖掘“就业扶贫直通车”平台特色功能，有力促进了贫困劳动力和就业岗位的精准匹配。

（一）扶贫用户全域覆盖。“就业扶贫直通车”平台设置的扶贫用户可以在线为贫困劳动力介绍工作，也可以将身边的招聘岗位上传至平台，可以说是平台高效运转的“发动机”。为此，聊城市把发展扶贫用户作为工作主攻方向，积极争取组织、扶贫等部门支持，把村干部、第一书记、扶贫干部、劳动保障协理员、劳务经纪人、零工市场经营者等全部纳入扶贫用户数据库，对平台扶贫用户“扩容赋能”。平台上创建扶贫用户 9000 多个，服务贫困劳动力 3 万多人，实现了每名贫困劳动力都有专职扶贫用户的目标。

（二）招聘信息全域共享。将全市 89 家人力资源服务机构纳入“就业扶贫直通车”平台，与“聊城公共招聘网”及各县（市、区）招聘平台岗位信息共享。举办“就业扶贫直通车”推介宣传活动，与就业扶贫基地、求职创业补贴、职业介绍补贴等相关政策同步宣传，积极引导用人单位注册使用平台，截至目前，平台注册企业已达 200 多家，累计发布用工岗位 1.5 万多个。

（三）精准助力复工复产。“就业扶贫直通车”在应对新冠肺炎疫情影响助力企业复产复工方面发挥了极大作用，扶贫用户驻村优势得到充分体现。2020 年 3 月，聊城市接到某大型集团用工需求后，迅速通过“就业扶贫直通车”平台发布了需求信息，并组织扶贫用户在所属乡镇、村进行定向招聘，仅用半个月时间就为企业解决用工 567 名，有力保障了企业复产复工。此外，临清市还通过“就业扶贫直通车”平台，联合人力资源服务机构开发招聘信息发布员岗位，专项招聘贫困劳动力，拓宽了贫困劳动力就业渠道，促进了企业招聘信息的精准推送。

三、培训直通，促进贫困人口增技能

（一）按需培训提质效。以市场需求为导向，研究制定了《聊城市就业技能培训补贴标准目录》，每个职业（工种）技能培训补贴标准均超过 1000 元。结合聊城市人

力资源市场供求和重点产业技能人才需求情况，创新制定了《聊城市职业技能培训指导目录》，涉及400个职业（工种）。

（二）送教上门优服务。全面开展贫困劳动力培训意愿精准识别，实现贫困劳动力文化素质、培训意愿、需求工种、就业意愿、附近企业需求等情况"五清"。鼓励定点培训机构开展"送课下乡、送教上门"等活动，根据贫困村群众培训意愿开展实用技能培训。在黄河故道北片区、金堤河流域泄洪区等集中连片贫困区设立技能培训基地，把课堂搬到乡镇、村庄，让贫困劳动力在"家门口"就能接受技能培训，为城乡劳动者提供更便捷、更广泛的培训服务。

（三）线上培训不打烊。积极应对新冠肺炎疫情影响，大力开展"互联网+职业技能培训"，分两批发布了18家线上职业培训平台，学习资源覆盖美容师、保育员、电工等100多个职业（工种）、1万余课时，提高了职业培训的可及性、便利性。推进职业培训业务外网申报、内网经办模式，将培训报名、开班备案、补贴申请等业务全部迁移到省公共就业网上服务大厅实现网上办理，提高了培训补贴政策的便利性。截至目前，职业培训平台注册身份类别为"建档立卡贫困人口"及"贫困家庭子女"人员达1000人次。

四、公岗直通，托底贫困人口就业

根据调研情况，部分有劳动能力和就业意愿的贫困劳动力由于要照顾病患或幼儿，不适宜外出就业或到用人单位从事全日制工作，为此，结合聊城市深化美丽乡村建设的实际，大力开发保洁保绿、公共设施建设、基础设施维护等扶贫专项公益性岗位，对非全时工、小时工类扶贫公益性岗位，按照每月600元的标准给予补贴；对全时工类的扶贫公益性岗位，按照市公益性岗位扶持政策给予岗位补贴。2020年，全市扶贫公益性岗位共安置贫困劳动力2950人，有效满足了贫困劳动力就近灵活就业需求，增强了贫困户脱贫的稳定性和长效性，实现了就业扶贫和美丽乡村建设"双赢"。为积极应对新冠肺炎疫情的影响，聊城市还大力开发临时公益性岗位，其中，通过临时公益性岗位安置贫困劳动力691人。

山东省菏泽市：

多措并举稳就业　精准施策助脱贫

山东省菏泽市努力探索适合菏泽实际的就业扶贫路子和措施，为打赢脱贫攻坚战贡献力量。

一、精准识别，夯实就业扶贫工作基础

对就业政策进行全面梳理，形成就业扶贫政策及服务机构清单，明确政策条件和办理流程，形成就业扶贫岗位清单、贫困劳动力人员就业清单和培训需求清单，通过精准摸底和分类培训，变“大水漫灌”为“精准滴灌”，开辟就业扶贫之路。

二、狠抓落实，务求就业扶贫政策实效

积极研究落实就业扶贫政策，制定“菏泽市应对疫情稳就业政策细则”，稳定扶贫车间吸纳就业，扩大以工代训政策覆盖面。截至 2020 年年底，全市累计发放就业扶贫车间等生产经营主体以工代训补贴 19 万元，就业扶贫基地补贴 24 万元，就业扶贫车间补助 23 万元，扶贫车间一次性奖补 73.1 万元，惠及贫困劳动力 1360 人。

三、精准培训，提升贫困人口就业能力

有针对性地对符合条件的农村贫困人口免费开展“订单式”“短平快式”精准就业技能培训和创业培训，加大对贫困劳动力职业培训补贴落实力度，截至 2020 年年底，全市累计培训贫困劳动力 1.3 万人次，发放各类培训补贴 1030 万元。制定“菏泽市黄河滩区脱贫迁建就业培训工作专项方案”，开展黄河滩区迁建居民就业创业培训专项行动，采取“技能 + 创业”模式和“送培训下乡”方式分类培训，截至 2020 年年底，累计培训滩区劳动力 5395 人次，培训后取得职业资格证书或职业技能等级认定证书的比例达到 90% 以上，实现了滩区有劳动能力的贫困家庭技能有提升、就业有渠道、收入水平不断提高的目标。

四、多方联动，共同促进贫困人口就业

与舟山、南通、无锡、威海、青岛、烟台等地建立返岗复工联系协作机制，发挥“农民工返岗复工点对点用工对接服务平台”作用，组织点对点专列 1 次、专车

黄河滩区迁建居民参加技能培训

25 次，运送农民工 1865 人，有效促进农民工有序返岗复工。积极探索创新，以打造菏泽知名劳务品牌为抓手，成立市级“天创劳务专业合作社”，并建立县（区）级劳务合作社分社、乡镇（社区）级劳务合作分站、村级劳务服务点四级劳务扶贫合作平台，四级劳务扶贫合作平台吸纳有就业创业意愿的贫困人员近千人，全面提高了劳务组织化程度，拓宽了贫困劳动力就业渠道。

五、开发岗位，发挥公益岗位托底作用

建立乡村公益性岗位开发制度。开发的乡村公共服务类公益性岗位优先安置“无法离乡、无业可扶、无力脱贫”且有能力胜任岗位工作的建档立卡适龄贫困劳动力；临时性乡村公益性岗位设立防疫消杀、卡点值守、扶贫协理、人力资源调查等岗位；一般乡村公益性岗位设立保洁保绿、互助扶贫等岗位。自脱贫攻坚以来，全市开发公益性岗位安置贫困劳动力 2388 人，其中开发乡村公益性岗位安置贫困劳动力 2137 人，切实帮助无法外出务工的贫困劳动力实现了就业。

河南省南阳市淅川县：聚焦易地搬迁　促进稳定就业

河南省南阳市淅川县始终把易地搬迁作为推进该县深山区贫困户脱贫的重要措施，通过开发岗位、技能培训、政策扶持等多个方面开展易地搬迁点贫困劳动力稳定就业工作，使他们搬得出、稳得住、有保障、能发展，从而实现稳定脱贫。

一、摸清底子，为工作开展打好基础

为了摸清易地搬迁点入住贫困人员的底子，挨家挨户进行实地调查，通过与贫困户谈心，了解家庭成员文化程度、劳动力结构、健康状况、就业意愿、培训意愿、经济来源等，宣传讲解就业扶贫政策，让贫困劳动力了解就业途径，引导其积极参与就业扶贫，努力做到户情民情、期盼愿望、问题困难“三清楚”。建立就业创业和社会保障“两本台账”，确保不漏一户、不错一人，为正确指导贫困户就业创业和参加社会保险提供精准依据。建立了贫困劳动力就业状况动态监控机制，专人负责对接、核实，易地扶贫搬迁点针对每栋楼都明确一名楼长，对贫困人员务工状况进行动态监控，每月汇总一次，以确保各项帮扶措施不出纰漏。

二、开展技能培训，实施能力扶贫

面向贫困劳动力采取“下沉式”培训，将技能培训班办到贫困劳动力易地搬迁集中居住社区。充分考虑易地扶贫搬迁点的地理位置，结合贫困人员培训意愿、希望学习的技能和当地用工需求，举办烹饪烹调、物业管理、家政服务、育婴员、电工、焊工等技能培训班。培训采取理论与实践相结合、短期与长期相结合的方式，使贫困劳动力可以根据自身需求选择培训类型，力争贫困劳动力每人掌握1~2项就业技能，以提升自我发展能力。为了保障培训效果，对整个培训教学过程进行监管，提高培训质量，加强考核评定，实现对培训机构的动态管理。在开展技能培训的同时，实行送岗上门，主动联系用工企业在培训教室内与贫困劳动力进行用工对接，使大部分人在培训结束之际就实现了就业，真正实现了“培训一人、就业一人、脱贫一户”的目标。

三、拓宽就业渠道，实现转移就业

在易地扶贫搬迁点设立就业服务点和用工宣传专栏，及时发布招聘信息，并通过电视台、报纸、网络等媒体及人力资源和社会保障局人力资源服务大厅、镇人力资源社会保障所等平台定期发布县工业园区、公共就业服务网等的招聘信息，免费

上集镇开展食用菌专题培训

提供职业介绍，引导贫困劳动力因地制宜、就近就地务工，逐步形成“一人就业、脱贫一户，多人就业，带动一方”的良好格局。把企业、用工单位招工、招聘会举办到社区，先后在各个易地扶贫搬迁点举办专场招聘会9次，使2063名贫困劳动力与103家用工单位达成用工协议，签订劳动合同，就近就地就业。在扶贫攻坚期内，该县每年都会举办“春风行动暨城乡劳动力就业现场招聘会”，组织县内用工企业开展“百企帮百村”专场招聘活动，组织县内工业园区重点企业到各乡镇易地搬迁点举办现场招聘会和现场政策咨询服务活动，援助贫困户就业对象到园区企业工作。为了使贫困劳动力能够就近就业，淅川县在易地搬迁点聚力发展扶贫车间，以种养食用菌、黄粉虫、制伞、编藤、制衣、制鞋、结绳、制镜等产业开发贫困劳动力务工岗位。在易地扶贫搬迁点，共投资建设制衣、芯片加工、雨伞加工等各类扶贫车间48个，开发贫困劳动力务工岗位3000余个，就近吸纳1780余名贫困劳动力到扶贫车间稳定就业。县政府出台了《淅川县贫困人口就业务工“以奖代补”暂行办法》，对通过就业务工增加收入的贫困户，以户为单位，年就业务工收入3万元以上的，每年奖补1000元；2万元以上3万元以下的，每年奖补700元；1万元以上2万元以下的，每年奖补500元，以降低贫困劳动力务工就业产生的培训费、交通费、住宿费等费用，从而激励他们务工就业。

四、开发公益性岗位，对贫困劳动力托底安置

各易地扶贫搬迁点都有不少贫困劳动力有劳动能力和就业意愿，但由于要照顾小孩、老人等原因无法外出务工。为此，开发保洁、护林、护路等公益性岗位1672个。但岗位少、需求大的矛盾仍然比较突出，为确保有就业意愿的贫困劳动力实现充分就业，多方协调，针对有劳动能力和就业意愿、外出就业困难的适龄贫困劳动力开发了保洁员、水管员、文化协管员、护路员、护林员、护水员六类共1万多个非全日制公益性岗位，对他们进行托底安置，切实解决了通过市场渠道难以实现就业的建档立卡贫困人员就业问题。同时，强化人员管理，建立健全公益性岗位乡管

县审的动态管理机制，做到实名登记、动态管理、精准扶持，确保岗位和资金真正用在就业困难人员身上。

在脱贫攻坚期间，淅川县共建设易地扶贫搬迁点 37 个，安置贫困户 4542 户共 17 822 人，易地扶贫搬迁点贫困劳动力转移就业 7068 人，其中，外出务工就业 1657 人，产业扶持、扶贫车间就地就近吸纳就业 2780 人，非全日制公益性岗位安置就业 1672 人，其他方式就业 959 人。

河南省信阳市：

“六步强化” 抓实抓稳贫困劳动力劳务输出工作

河南省信阳市把保障贫困劳动力劳务输出工作当作稳定就业、抗击疫情、脱贫攻坚的重要举措，统筹协调、强化对接、集中组织、大力推进。截至 2020 年年底，全市已外出务工劳动力 243 万人，其中通过劳务协作对外输出建档立卡贫困劳动力 15.3 万人，34 万有就业意愿且符合就业条件的贫困劳动力实现就业，保证了“应就业尽就业”。

一、强化机制保障，提前部署谋划

2020 年以来，信阳市先后成立了返乡农民工返岗输送、复工复产用工保障、应对新冠肺炎疫情促进贫困家庭劳动力就业工作三个工作专班，启动市、县、乡、村四级联动机制，统筹做好企业用工信息发布、招工服务对接、外出务工人员点对点集中输送等工作。

二、强化摸底调研，掌握就业需求

构建全市贫困劳动力就业信息监测机制，建立了“本地企业用工”“外地企业用

帮助贫困群众返岗复工

工”和“农民工外出务工情况实名制”三本台账。开展专题调研，为全市重点做好湖北返乡人员就业提供了科学参考。截至 2020 年年底，全市贫困劳动力实现县内就业 13.8 万人、县外就业 20.2 万人。

三、强化平台作用，开展线上服务

一是开展线上“春风行动”等招聘活动，发布岗位需求信息 60 万余条，接收各类求职信息 12.6 万多条，达成就业意向 6.3 万多人。新冠肺炎疫情形势好转后，又组织开展了规模可控的现场招聘活动 159 场次，提供就业岗位 6.2 万个，达成就业意向 3 万多人。

二是积极推行线上培训。对因新冠肺炎疫情返贫人员，提供线上免费职业技能培训，做到“停工不停课，停工不停学”，贫困劳动力参加培训累计人数达 32.9 万人。

四、强化对口对接，拓展劳务协助

与温州、台州、金华、义乌等 22 个地区签订了跨区域劳务合作协议书，进一步加强供求对接和人才交流互通。2020 年两次派出工作专班赴杭州、金华、温州、宁波、无锡、苏州、盐城、昆山等地，针对已务工人员稳定就业问题进行商议对接，挖掘就业岗位 1523 个、用工需求 36 839 人，涉及当地企业 354 家。

五、强化"点对点"输送，保障返岗安全

（一）开通专车直送。对返岗区域较集中的农民工，开通就业直通车集中送达务工地或企业。

（二）开通专列专机直达。开通专列专机将劳动力直接送达务工地，并安排专人随专列护送。

（三）保障接工有序。协调务工人员输入地派专车来信阳集中接回返岗人员。新冠肺炎疫情防控期间，全市共开通专车专列专机 5832 次，有组织输送 13.3 万人。

开通返岗复工专列

六、强化资源挖掘，拓宽就业空间

积极挖掘本地资源，不断拓宽贫困劳动力就业空间。

一是深入实施援企稳岗护航行动，全面落实"免、减、缓、返"政策措施，吸纳 2.7 万名贫困劳动力在扶贫车间、农民专业合作社等就地就近就业。

二是开发公益性岗位，通过开发公益性岗位托底安置贫困劳动力 6.7 万余人。

三是返乡创业带动就业，搭建干事创业平台。扶持平台经济、共享经济等新业态发展，激发夜间经济活力，拓宽返乡人员就业创业渠道。截至 2020 年年底，当年新增农民工等人员返乡创业 2.17 万人，全市农民工等人员返乡下乡创业累计 15.7 万人，创办各类市场经营主体 10.8 万个，累计带动就业 98.3 万人。

湖北省孝感市大悟县：

就业小驿站　扶贫大作为

湖北省孝感市大悟县立足实际、整合资源、综合施策，以“精准扶贫，就业先行”为工作思路，建成镇级就业驿站、村级服务站，构建了“乡镇为主体，人力资源社会保障部门为主导”的上下贯通、纵横联动“网格＋就业”工作格局。推进精准就业扶贫入村入户，有效帮助有劳动能力的贫困群众在家门口稳定就业、脱贫致富。

一、强化平台搭建，拓展就业扶贫“大通道”

（一）设立就业服务站。每村设立就业服务站，由村干部直接担任站长，日常进村入户摸情况，了解贫困户就业情况与培训需求，实现就业政策宣传栏全覆盖，通过信息平台、微信群、QQ 群及时更新和发布就业岗位信息，并根据劳动力特点推荐用工岗位，为贫困人口提供完善的转移就业服务链，精准实现人岗匹配。

（二）建立专门台账。在镇区设立就业驿站，打造就业信息和上岗服务集散中心。依托县劳动就业局培训中心和驻外劳务机构开展常态化技能培训，精准对接企业用工信息。完善以镇区就业驿站为中心的县乡村三级就业服务平台，实现就业信息、培训信息、创业信息通过就业驿站实时直达乡村。

大悟县宣化店镇就业驿站组织贫困户参加茶叶种植技能培训

二、强化技能带动，增配就业扶贫“助推器”

（一）因地制宜强化培训。通过积极整合农业、畜牧等系统科技型、实用型人才资源，就近采取“一对一”“一对多”等方式，聘请专家来到宣化店镇面对面、手把手地向贫困人员教授种养殖技能，帮助贫困人员就近就地发展家庭农场。

（二）开展技能靶向培训。侧重培训周期短、易学易会、脱贫增收见效快的“短平快”职业技能，利用农闲时间开展就业技能培训，实现务农培训“两不误”、技能收入“两提高”。将就业创业培训重点向贫困劳动力倾斜，将公共就业服务向贫困群众延伸，并纳入免费培训范围，落实职业培训补贴。

（三）实施产业技术培育。结合农村土地流转，培育新型职业农民，组织产业大户、产业经纪人、专业合作社负责人技术培训，开展返乡农民工产业发展技术培训，提高创业成功率。

三、强化政策牵动，打好就业扶贫“组合拳”

（一）大力开展送岗到家。以就业驿站为依托，加强政策宣传，鼓励扶持贫困劳动力自主创业，提供创业指导，发放创业补贴，提高政策知晓率。调查摸底，全面掌握建档立卡贫困人口就业需求。通过开展政策宣传咨询和就业服务，组织贫困人员专场招聘会、就业扶贫大篷车等活动，帮助贫困户寻求就业门路。

（二）合理开发公益性岗位。针对贫困人员特点，结合用工单位需求，加强扶贫驿站建设和合理开发公益性岗位，发放公益性岗位补贴，安置贫困人员就近就业。

（三）积极创建扶贫车间。以“企业＋车间＋贫困户”模式，开辟扶贫车间就业渠道，对吸纳贫困人员就业的企业给予补贴；推动企业成立就业扶贫车间、扶贫作坊，并通过扶志与扶智相结合的方式，将产业链条延伸到乡村，带动贫困人员在家门口就业。

大悟县宣化店镇就业驿站安置贫困户从事公路养护员公益性岗位工作

湖北省十堰市郧西县：实施“立体就业” 推进就业扶贫

湖北省十堰市郧西县在决战脱贫攻坚中，探索实施“立体就业”，即通过输出就业、返乡创业、就近就业、技能就业、兜底就业等举措，促进就业扶贫，取得明显成效，实现了“一人就业、全家脱贫”的目标。

一、深化劳务协作，引导输出就业

郧西县先后与广东省广州市、深圳市、东莞市、佛山市，湖北省武汉市、北京市平谷区，以及国寿物业管理有限公司、北京远大合炳建筑劳务有限责任公司建立了劳务协作关系，探索形成了“12345”劳务协作模式，即一个目标（输出一人，脱贫一户），两种手段（政府推动手段与市场调节手段），三项任务（为已就业对象提供稳岗服务、组织未就业对象转移就业、对贫困学生实施免费职业教育），四个结合（县外输出与县内转移结合、外出打工与回归创业结合、服务贫困人口与服务非贫困人口结合、劳务输出脱贫政策与其他脱贫政策结合），五个精准（精准统计、建立信息系统，精准培训、提升就业能力，精准对接、实现人岗匹配，精准施策、实现就地就业，精准服务、促进稳定就业）。劳务协作双方搭建了协作会商平台，建立了劳务协作对接机制；在输入地建立了劳务协作服务机构，成立了流动党组织，为贫困劳动力就业、转岗和维权进行一对一“保姆式”服务；出台了贫困人口外出务工扶持政策，确保了贫困人口稳定就业。2016年以来，先后举办12次协作座谈会、56场就业招聘会，投入招聘岗位近10万个，带动贫困劳动力累计转移输出稳定就业19万人次，户平均转移就业1人，年人均收入在3万元以上，实现了“就业一人、脱贫一户”的目标。2020年，为应对新冠肺炎疫情给脱贫攻坚带来的影响，郧西县积极落实国家“6+1”劳务协作行动，再次与广东省深圳市携手，推进劳务协作扶贫，是湖北省十堰市首个与东部劳务协作地区签订“6+1”劳务协作协议的县，全年建档立卡贫困劳动力外出务工就业59 071人，比2019年的56 564人增加了2507人，增长率为4.43%。

郧西县与深圳市开展劳务协作

二、依托乡亲协会，促进返乡创业

郧西县以乡情为纽带，以扶贫村为单位，以市场为手段，以本村外出创业成功人士、致富带头人等为主体，以乡亲扶贫协会为载体，通过结对帮扶、捐资助贫、兴办公益、招商引资、兴办实业、村企共建等措施，引导乡村走出去的成功人士返乡创业，帮助全县贫困人口就地转移就业，实现脱贫目标。同时，全面实施“三年返乡创业行动计划”，引导外出农民工、大学生、在外成功人士返乡创业。目前，全县已组建乡亲扶贫协会266个，会员3000余人，引进资金5亿元，带动6000余户贫困户就近就业增收。引导外出农民工、大学生返乡创业4091人，返乡投资4亿元，创办规模企业12个，返乡创业经济实现产值26亿元，带动就业10 908人。郧西县涧池乡下营村139户返乡农民开设淘宝店、微店500余家，带动700多人就业，年营收1.5亿

观音镇黄土梁村组建全国首个乡亲扶贫协会

余元，该村2014年荣获“湖北淘宝第一村”称号，2018年荣获“中国淘宝村”称号，2020年在第八届中国淘宝村高峰论坛上该村被评为2020年度“最美淘宝村”。

三、发展特色产业，实现就近就业

大力发展县域特色产业，引导贫困人口在家门口实现就业。在乡镇、村创办产业扶贫（就业）车间，在农户创办手工作坊，走“合作社＋基地＋扶贫车间＋贫困户”“合作社＋扶贫车间＋贫困户”的带贫减贫之路。将竹藤编、织女绣、香菌种植、电商创业等纳入全县精准扶贫精准脱贫特色产业，实施市民下乡、能人回乡、企业兴乡“三乡工程”，鼓励乡贤领办经济合作组织，建设产业扶贫（就业）车间，组织贫困人口就地参加扶贫（就业）车间生产，居家参加订单生产。截至2020年，全县所有乡镇村产业基地全覆盖，累计建设各类特色产业基地20万余亩，吸纳2万余名贫困人口在产业基地从事基地管理、生产加工、开办农家乐等，年人均收入

5000元以上。上津镇石庙村村民陈群在家乡政策激励下，携资回乡开办鱼钩生产车间，采取“集中＋分散”“加工车间＋农户”的发展模式，年创收1200余万元，吸纳农村剩余劳动力就业近1000人。

四、扶贫扶智融合，推进技能就业

着力强化职业技能培训，提升贫困人口就业能力。围绕产业发展，发布产业职业培训需求指导目录，整合农业、林业、畜牧、移民等部门培训资源，开展新型职业农民培训、林特种植培训、畜禽养殖培训、库区移民培训等实用技术培训。根据各扶贫载体的用工需求，结合“雨露计划”、技能就业培训计划、岗位技能提升培训计划、创业培训计划，采取订单培训、定向培训、岗前培训等模式，开展家政月嫂、制鞋制衣、电工焊工、手工刺绣、手工制作、农村厨娘等职业技能培训，帮助贫困劳动力掌握一技之长，提高技能就业能力。围绕新成长劳动力，充分利用与广东省多地、湖北省武汉市、北京市平谷区劳务协作的机遇，联合协作城市技工院校，通过院校合作、校校合作，联办精准扶贫中职班、劳动预备培训班，大力开展职业教育，通过1~3年的在校学习，实现新成长贫困劳动力“毕业即就业”的目标，有效阻断贫困代际传递。2016年以来，开展各类技能培训5.3万人次，实施职业教育551人。

五、开发公益岗位，托底安置就业

2016年以来，郧西县充分发挥政府托底安置就业功能，整合发改、人力资源社会保障、交通、水利、林业等部门公益岗政策资源，开发保洁、保安、保绿、养路、护林、人社协管、民政协理、扶贫协理等公益性岗位11 525个，投入资金5720余万元，安置贫困家庭半劳动力、弱劳动力和不能外出务工劳动力就业11 525人次。所有公益岗均须签订协议，明确工作内容、工作时长、工资待遇，做到了定人定岗，以岗定薪。

湖南省长沙市：坚持“四个对接” 全力做好劳务协作脱贫文章

湖南省长沙市以劳务协作脱贫试点为依托，积极搭建省级贫困劳动力劳务协作市场，逐步探索出一套突出市场主导、解决痛点需求、注重效率优先、坚持合作共赢的精准对接辐射全省的劳务协作脱贫“长沙模式”。针对2020年受新冠肺炎疫情影响出现的“返岗难”“用工难”问题，长沙市组织61支招工小分队，深入全省51个贫困县精准对接，用18天时间直接输送劳动力1.28万人，带动企业招聘劳动力6.57万人。

一、坚持科学施策，抢抓精准对接黄金时期

（一）高站位决策。充分挖掘湖南省人力资源，促进农村劳动力转移就业，以更高站位、更实工作统筹抓好新冠肺炎疫情防控和复工复产，把上门招工与脱贫攻坚战、就业扶贫、长沙对口支援扶贫进行有机结合，并明确长沙市人力资源和社会保障局为牵头部门。

（二）高效能执行。会同有关部门，组织重点企业抽调精干力量，24小时内组建并派出首批援企招工小分队，赶赴对口支援县。按照“一对三”“一对四”协作

任务，向湖南省全省贫困县派出招工队伍。在东部沿海城市深入内陆招工前抢占有利先机。

（三）高标准布局。针对部分贫困县受新冠肺炎疫情影响区域交通管制，援企招工小分队迅速与原对接贫困县周边区域对接，在交通管制解除后快速入驻。同时，综合研判招工进程和劳动力外出形势，延长招工期限。

长沙市“春风行动”援企招工小分队出发动员会

二、坚持统筹兼顾，把握精准对接关键环节

（一）依托线上线下，宣传动员到位。统一规范制作企业宣传展板、招聘简章、海报传单，线下张贴至各乡镇、村，线上利用电视广播、微信群、网站、App、村广播等广泛发布。制作群众喜闻乐见的动画片，大力宣传长沙“岗位多、离家近、环境好、房价低”优势。

（二）开展进村入户，深入对接到位。以贫困劳动力为重点，以“小精灵”（小型、精准、灵活）招聘方式，将劳务对接直接深入群众家门口，面对面宣传长沙防疫成果和企业信息，解答政策、待遇、交通、防疫等问题，现场提供“一对一”职业指导、招聘面试、当场签约等服务，有效提升了转移就业脱贫的成功率。

（三）推行分批分类，有序组织到位。针对新冠肺炎疫情期间贫困劳动力集中转

接企招工小分队走村入户发放宣传单，开展岗位对接

移需求，精选用工急、岗位多、门槛儿低的重点企业优先输送。对返岗人员逐个联系组织返岗；对外出就业意向人员较多的乡镇、村，组织小规模宣讲会；对初步达成意向的人员，就近集中后直接输送。

三、坚持用情用力，提升精准对接服务温度

（一）“门对门”，提供直通车服务。由园区、交通部门统一派出“就业直通车”，到当地乡镇、村就近集中接送劳动力，并免费发放口罩、食品、矿泉水等。劳动力通过面试审核、健康监测后，被直接送进厂区，实现了“出家门、上车门、进厂门”，保障安全、便捷抵达。

（二）“点对点”，提供无缝化服务。园区成立了农民工服务工作组，确保前后方时间、服务无缝对接。联合输出地举行欢送、欢迎仪式，让劳动力更有归属感，尽快融入生产生活。对部分不符合入职条件的劳动力，安排专门人员负责接待，提供两天免费食宿，并组织协调其他企业尽快安排其就业。

（三）“实打实”，提供全方位服务。由园区牵头，各职能部门密切协作，开展就业政策宣传、公共服务、劳动维权、子女入学等全方位稳岗服务，提供公租房、幼儿园、放心餐厅等生活保障，解除其后顾之忧。鼓励企业以就业扶贫政策为抓手，积极承担社会责任，通过提高薪酬待遇、改善生产生活环境等方式，稳定贫困劳动力就业。

长沙市派出专车接复工复产员工返长

四、坚持多方联动，健全精准对接工作机制

（一）健全后方保障机制。长沙市委市政府主要领导将企业招工工作作为经济形势分析的重要内容，指挥调度、重点督导，分管副市长靠前指挥、直接主抓。建立保障企业用工联席会议制度，各成员单位分工明确、各司其职，为前线招工小分队做好组织协调、宣传引导、交通运输、疫情防控等保障工作，形成了保障用工的强大合力。

（二）健全多元协作机制。湖南省人力资源社会保障厅、扶贫办向省内贫困县下发通知，支持配合长沙企业开展劳务协作。依托多年协作成果，长沙市积极争取各输出地的支持。人力资源社会保障部门、园区、企业密切联动、统一步调，做到政策协同、信息共享、宣传统一。

（三）健全信息监测机制。长沙市动态监测全市重点企业复工复产、用工需求、招聘情况，每天调度招工工作情况。对接当地人力资源社会保障、扶贫部门，动态掌握劳动力资源、贫困劳动力数量、返乡及外出情况、就业意向情况等，按照先急后缓、分批推进的思路，重点做好蓝思科技、比亚迪电子等企业的宣传、招聘工作。

湖南省湘西土家族苗族自治州：

精准就业　拓展脱贫之路

湖南省湘西土家族苗族自治州（以下简称“湘西州”）精准施策、定向发力，推动就业扶贫向纵深发展，探索出具有湘西特色的就业扶贫好路子。截至 2020 年年底，全州累计转移贫困劳动力就业 28 万人，创造了就业扶贫工作的湘西样本。

一、劳务协作促就业

（一）完善协作机制。探索形成了“一框架、三机制、两清单”的模式：分别与湖南省长沙、株洲、湘潭三市，广东省广州、深圳、东莞、佛山四市，山东省济南市和长三角地区多个城市签订了劳务协作框架协议；建立了省外、省内、州内和县内四级沟通协调对接机制，政府对企业、企业对劳动者、基层组织对劳动者的联动机制，以及劳务协作信息远程交换机制；形成了由输出地负责提供求职需求清单、输入地负责提供岗位清单的良好合作关系，并在网上进行数据比对，极大地提升了人岗匹配精准度。

（二）落实协作项目。推动山东蓝翔技师学院十八洞分院、湖南阳光阿娅职业培训学校落户湘西，通过蓝翔技师学院及济南市技师学院“轨道交通湘西班”、永顺吉利班、保靖龙骧巴士班定向培训贫困家庭“两后生”，实现入学即就业、毕业就上岗的目标。向济南市组织转移建档立卡贫困劳动力528名，与济南市协作开发农村专岗1.45万个，共建扶贫车间217家。

输送务工人员

（三）强化精准对接。先后组织专门队伍，与广东、长三角、长株潭等地开展50多场次劳务协作精准对接活动，组织68场次企业用工招聘会，提高了转移就业精准度和稳定性。2019年，全州新增建档立卡贫困劳动力转移就业7358人，组织未脱贫贫困劳动力劳务输出8.12万人。2020年，全州发送“点对点”直通客班车1352辆和专列5列，输送务工人员3.46万名，推进全州春节前返乡的47.59万名农村劳动力全部返岗；全州新增建档立卡贫困劳动力转移就业8558人。

二、创新创业促就业

（一）大力培育创新创业孵化基地。至2020年，全州正式投入使用的创新创业基地9个，其中武陵山片区湘西创新创业孵化基地获批国家级创业孵化示范基地、州电子商务等三家创业孵化基地被评为“湖南省创新创业带动就业示范基地”，共有在孵各类初创企业1015家，直接提供就业岗位1.22万个。

（二）深入推进创业带动就业重点乡镇建设。实施湘西州创业带动就业重点乡镇建设三年规划，推行“十百千”工程，至2020年建成创新创业带动就业重点乡镇20个，共培育示范企业和示范合作社280家、创业示范户和种养殖大户2200户，带动2.3万名贫困劳动力、就业困难人员实现就近就地就业。泸溪县被列入第三批结合新型城镇化开展支持农民工等人员返乡创业试点地区，花垣县、凤凰县入选商务部全国电子商务进农村示范县，盘古电商被商务部评为“国家级电子商务示范企业”。

（三）持续扩大创业主体规模。积极破解创业担保贷款政策瓶颈，率先在全省实现创业担保贷款信息化管理和线上报审。2019年，全州在贷创业担保贷款5.6亿元，扶持500多家初创企业和中小微企业做大做强，帮助1.5万多名劳动力实现成功创业；湘西州承办的湖南省返乡创业领雁培养计划获“第二届全国创业就业服务主题展”优秀项目奖。2020年，全州新增创业主体9151户，带动城乡就业1.32万人，新增创业担保贷款2.24亿元，全州创业主体累计12.61万户，带动城乡就业25万人，其中建档立卡贫困劳动力2.3万人；7家企业被评为“湖南省百家创新创业带动就业优质初创企业”，10名创业者被评为“湖南省百名自主创业就业先进个人”。

三、做强产业促就业

（一）园区基地吸纳就业。制订实施贫困劳动力就地就近转移就业扶持计划，扶持湘西经开区、泸溪高新区等9个省级工业园区659家企业，接纳就地就近转移就业4.4万人，其中农村贫困劳动力7600余名。建成国家级就业扶贫基地9个、省级就业扶贫基地29个、州级就业扶贫基地32个、县级就业扶贫基地4个，吸纳贫困劳动力就业2513人。

（二）扶贫车间就近就业。坚持因企施策、因人施策、因地施策，积极打造“厂房式”“居家式”“基地式”等多种形式扶贫车间。至2020年，全州累计建成规模厂房式扶贫车间313家、合作社和家庭作坊式扶贫平台2000多个，共带动5万多人在家门口就业，涌现出凤凰县周生堂扶贫车间等一批带头作用明显、企业发展迅速的就业扶贫典型。

（三）特色产业引导就业。出台《关于发展文创产业带动城乡妇女就业的意见》

等文件，从职业技能培训补贴、岗位补贴、社会保险补贴和创业担保贷款等方面加大扶持力度，大力发展刺绣、编织、小手工品等乡村文创产业，发挥能工巧匠的带头引领作用，促进农村留守群体灵活就业。整合人力资源社会保障、扶贫、科技、文旅等部门资源，引导支持惹巴妹、山谷居民、七绣坊等本土优秀文创企业，吸纳就业2.5万多人，其中建档立卡贫困劳动力1.1万人。龙山县惹巴妹手工制品公司采取分户生产和集中销售方式，探索出“边培训、边加工、边取酬”的路子，培训、签约2000多名贫困家庭妇女，公司董事长谭艳林因此获得“全国脱贫攻坚奋进奖”。

四、优化政策促就业

（一）落实优惠政策。认真落实新一轮积极促进创业就业政策，出台《湘西自治州贯彻落实〈湖南省进一步促进就业工作二十条措施〉实施办法》《关于进一步做好就业扶贫工作的实施意见》等文件，构建了务实管用的政策体系。2019年，认真落实国家和湖南省有关社保降费政策，实施阶段性降低养老、工伤、失业保险费率政策，全州共为企业等用人单位减负3.17亿元。2020年，狠抓援企稳岗政策落实落地，全州为企业减免减半养老、工伤、失业保险3.19亿元；全州通过省劳务协作服务平台共办理落实培训、社保等各类补贴8.43万人次，补贴金额4969.82万元。

（二）抓实就业培训。出台《湘西自治州职业技能提升行动实施方案（2019—2022）》，大力开展订单培训、定向培训、精准培训，帮助建档立卡贫困户至少有一人掌握一门就业技能，2019年全州共培训4.32万人，其中建档立卡贫困劳动力6925人、贫困家庭“两后生”1388人。2020年全州共培训7.71万人，其中建档立卡贫困劳动力11 353人、贫困家庭“两后生”1103人。

（三）充实公益性岗位。依托乡村振兴、美丽湘西、基础设施、生态环保、文化旅游等载体，精准开发农村公益性扶贫岗位。每个行政村至少开发乡村保洁、公共设施维护2个公益性岗位，2019年年底，全州共稳定开发生态管护、保洁等农村公益性岗位近2万个。2020年全州新增开发公益性岗位5756个，累计开发公益性岗位达2.7万个，这些岗位拓宽了收入保障，促进了相关工作，惠及了贫困群众。

湖南省邵阳市邵东市：
因地制宜建车间　铺就脱贫致富路

2016 年以来，湖南省邵阳市邵东市把解决贫困劳动力就业作为决战决胜脱贫攻坚的重要举措，因地制宜建设扶贫小车间，通过“企业 + 扶贫车间 + 村集体 + 贫困户”“电商 + 扶贫车间”“送货上门居家式”等多种模式，推动扶贫车间多样化、多元化发展，走出了一条农民增收、产业发展、企业壮大、多方共赢的新路子，其中斫曹扶贫车间创业项目获中国青年“最具品牌影响力”奖。

一、突出政策引导，实施场地、设备、培训“三奖补”

邵东市立足箱包、鞋业等劳动密集型企业数量多、产业规模大的优势，出台《关于加快就业扶贫车间建设促进农村贫困劳动力就业的实施方案》，对符合条件的扶贫车间在场地租赁、设备采购、人员培训等方面给予奖补，让企业轻装上阵，充分发挥示范带动作用。对吸纳劳动力就业 10 人（其中贫困劳动力 5 人）以上的企业，给予一次性补助 2 万 ~10 万元；对购买加工箱包的电动缝纫机的企业，每台补助 1500 元，企业新购其他加工设备的，按购置价的 30% 予以补助；对吸纳贫困劳动力就业开展以工代训的扶贫车间，根据就业人数，给予每月每车间 2000~4000 元的

邵东市斫曹乡长流扶贫车间内正在工作的贫困人员

培训补贴。2019 年以来，邵东市箱包、鞋业等 106 家劳动密集型企业到村（居）建设扶贫车间 185 个，实现了 26 个乡镇（街道、场）全覆盖。

二、强化订单培训，做到种田、务工、顾家“三不误”

为提升贫困群众的就业创业能力，让贫困群众能做事、愿做事，邵东市出台了《关于促进贫困劳动力就业创业的通知》。对新冠肺炎疫情期间在邵东本地实现就业的贫困劳动力，按每人 500 元的标准给予一次性补贴；对贫困劳动力和农民工等自主创业的，给予一次性创业补贴 1 万元。加强贫困群众的订单式技能培训，每年定期组织开展裁剪、缝纫、电工等技能培训，变“输血”为“造血”。深入开展勤劳致富励志教育，加大脱贫典型宣传，用身边人、身边事教育和感染贫困群众，提升他们的创业就业热情。部分没有外出务工的农民利用农闲时间到扶贫车间务工，实现了种田、务工、顾家“三不误”。截至 2020 年年底，全市扶贫车间解决农村劳动力就业 8179 人，其中贫困劳动力 2550 人，人均年增收 2 万元以上。

三、构建利益链接，实现企业、群众、集体“三增收”

邵东市出台《进一步加强扶贫车间管理办法》，鼓励扶贫车间租赁民房、村集体闲置房屋等，减少扶贫车间建设成本，不增加村集体经济负担。出台扶贫车间税收优惠政策，市级留存部分的 50% 奖励给村集体，50% 奖励给扶贫车间，实现了企业增效、群众增收、集体经济壮大的多赢局面。邵东市斫曹乡采用“企业 + 扶贫车间 + 村集体 + 贫困户”模式，引入湖南省隆源集团凯特伦皮具有限公司，推进“1+X”箱包加工扶贫车间项目。“1”即一个总部，设在长流村，建设标准化厂房 800 平方米，村集体占股 5%；“X”即加工点分厂，覆盖马鞍塘、禾塘坪、雄鹰、檀树、群立 5 个村，厂房采取租用闲置房屋方式，村集体占股 3%，形成了以长流村为中心辐射其他村的箱包生产产业链。长流村村集体经济每年稳定增收 5 万元以上。2020 年新冠肺炎疫情期间，邵东市出台了《关于做好就业扶贫车间建设复工复产疫情防控的通知》，加强对扶贫车间复工复产的支持力度，切实保障新冠肺炎疫情防控物资供应，累计发放口罩 12 600 个、消毒液 690 吨、红外线体温检测仪 96 个。截至 2020 年 4 月 10 日，邵东市全市就业扶贫车间全部复工复产。截至 2020 年年底，全市就业扶贫车间新增贫困劳动力就业 796 人。

邵东市醇龙箱包扶贫车间内正在工作的贫困人员

广东省佛山市：

栉风沐雨扶贫路　劳务协作助前行

自2016年对口四川省凉山彝族自治州（以下简称“凉山州”）开展劳务协作工作以来，佛山市携手凉山州开拓创新、力补短板，形成劳务协作“佛凉”模式：以“互联网＋劳务协作”为手段，打造“1+2+4”劳务协作链条，即建立一套政策体系、搭建两大技能平台、做好四个精准服务的工作思路，高质量推动对口地区贫困劳动力稳就业，形成东西部扶贫的佛山样板。

一、力推“互联网＋劳务协作”，建好脱贫攻坚“大格局”

佛山市充分运用信息化手段，基于大数据、“互联网＋”等新技术，投入约530万元建设劳务协作信息化平台，实现管理服务扶贫对象的相关功能，通过构建业务经办、公共服务、移动办事、数据展示、自助一体机、数据保护和共享接口“六大平台接口”，从系统管理、业务办理、移动办事、数据统计、自助上网查询、数据安全六个维度构建劳务协作就业服务“大格局”。2020年，软件平台已建设完成并上线运营。

二、升级优化扶持政策，打好脱贫攻坚“组合拳”

佛山市陆续创新出台8项关于凉山籍务工人员岗前培训、技能提升、稳岗服务、交通补助等补贴申领及发放的扶持政策文件，这些文件含金量高且不断优化升级，从政策层面增强凉山州贫困劳动力获得感，构建完善的政策体系，打好脱贫攻坚“组合拳”。2016年以来，佛山市累计向凉山籍务工人员发放系列补贴989.16万元，惠及7508人。

三、搭建技能扶贫平台，唱好脱贫攻坚“重头戏”

佛山市秉承“授人以鱼，不如授人以渔”的帮扶宗旨，搭建技工教育和技能培训两大技能扶贫平台，唱好脱贫攻坚“重头戏”。

（一）搭建技工教育平台，提升凉山州技工教育专业化水平。结合当地情况，佛山市投入约150万元购置7台数控车床配置到凉山州德昌县职业高级中学，主要用于支持该校开展职业技能培训鉴定及青年教师教学实操能力，取得显著效果。该校第一次参加四川省赛就分别获得了省级“数控综合加工技术”比赛个人及团体三等奖的好成绩。

（二）搭建技能培训平台，创新“粤菜师傅＋对口帮扶”模式。佛山市创新推出具有地方特色的“粤菜师傅＋对口帮扶”模式。

一是全省首创“粤菜师傅”精准扶贫班。2019年，佛山市在顺德厨师学院开设首期精准扶贫班，共接收包括凉山籍在内的超过800名贫困学员，免费提供厨师技能培训与就业创业帮扶，包括为期半年的“厨师精准扶贫定向班”和为期一年的“厨师精准扶贫中高职协同培养定向班”和“凉山州定向班”。

二是开展“粤菜师傅送教上门”活动。佛山市顺德厨师学院与顺德区扶贫调研小组不定期赴凉山州金阳、美姑及雷波县开展“粤菜师傅”烹调技能培训、就业创业培训等对口帮扶活动。

截至2020年年底，顺德厨师学院共为凉山贫困地区的20余名贫困劳动力提供免费送教上门培训服务。

支持凉山州技工教育

四、抓住精准扶贫主线，做好四个精准服务

佛山市在摸清人员信息、岗位供求信息底数的基础上，“一对一、点对点”扎实推进脱贫攻坚工作，努力做到四个精准。

（一）接收底数精准。通过“输出地＋输入地”，市、区、镇街、企业四方核实的模式，建立“数据时时更新，统计按周上报”的制度，做到“底数精准”。2020年1—12月，全市已接收凉山籍务工人员7015人，其中，建档立卡贫困劳动力6309人，已完成建档立卡贫困劳动力稳岗就业3个月以上的2966人，超过2019年的2929人，实现了“两个不少于”的目标任务。

（二）人员动态精准。为更好地掌握凉山州贫困劳动力在佛山的就业动态，做细做实稳岗服务工作，佛山市迅速摸查人员信息，建立就业档案，动态跟踪已输入贫困劳动力的就业情况，掌握务工人员薪酬、岗位、劳动时限等信息，切实维护其合法权益，帮助贫困劳动力稳定工作和正常生活。

（三）岗位供求精准。2016 年以来，佛山市分别在凉山州 11 个贫困县举办招聘会共 44 场次，组织 476 家次企业到凉山州开展劳务协作专场招聘会，提供 39 953 个岗位，现场达成意向 6892 人。

（四）对口帮扶精准。为进一步提高对口帮扶的精准度，以市、区、镇街为单位，层层压实责任，明确对口凉山州、县、乡的帮扶任务，各区及镇街结合自身特色优势对口做好帮扶工作。

五、创新管理培育典型，树好脱贫攻坚“风向标”

佛山市引导企业通过探索创新管理方式，培育优秀模范典型，树好脱贫攻坚“风向标”。

（一）改善工作生活环境。优化凉山州贫困劳动力工作生活条件，同时不定期开展集体活动，突出人文关怀，增加他们对城市的认同感。

（二）充分尊重凉山州习俗。在重大节庆日期间，对凉山州贫困劳动力自发组织的活动给予一定支持，增强他们的归属感。

（三）培育模范员工。在评选模范员工活动中，对模范员工在操作技能和管理能力上进行重点培养，为管理人员树立榜样。同时，在凉山州招聘活动中，请模范员工现身说法，以吸引凉山州贫困劳动力来佛山就业，从而推动稳岗工作向纵深发展。

广东省广州市天河区：
黔山粤海心相连　同心同向同就业

自与贵州省毕节市大方县、纳雍县结对帮扶以来，广东省广州市天河区围绕“实现精准对接、促进稳定就业”的中心目标，以促进贫困劳动力劳务增收和提升技能水平为抓手，在“找（就业机会）、培（培训）、管（管理）、跟（跟踪服务）”等环节上精准发力，创造性地走出了一条“移得出、找得到、对得好、留得下”的就业扶贫之路，累计帮助2100余名贵州贫困地区贫困劳动力就业，为打赢脱贫攻坚战做出了应有的贡献。

一、“移得出”：当好老乡就业“领路人”

（一）“一站一平台”，高位推动劳务协作交流。搭建了天河—大方、纳雍劳务协作交流平台和劳务协作工作站，全方位聚焦贫困家庭劳动力就业需求，精准挖掘企业岗位，实现人岗精准匹配。

（二）“劳动力转移就业两补贴”，切实兑现帮扶政策红利。2018年出台对口帮扶地区转移就业补贴政策，2020年预计增加区级扶贫资金700万元，为企业和劳动力提供了双重激励。

（三）“三送一交心”，走访到家解异地就业后顾之忧。深入大方、纳雍两县15

个镇（村）开展“三送一交心”蹲点活动，累计开展建档立卡贫困劳动力就业对接洽谈 843 人次，成功转移 41 名建档立卡贫困劳动力到天河就业。

二、“找得到”：按下岗位开发“快进键”

（一）结好对子做实公益性岗位开发。建立“区街联动、齐抓共管、协同作战”工作机制，累计开发收集公益性岗位超 500 个，成功安置 137 名大方、纳雍籍建档立卡贫困劳动力，其中大龄贫困劳动力占 65% 以上。

（二）挖掘内需做深缺工需求统计。发动人力资源服务机构成立“天河区人力资源服务机构联盟脱贫攻坚招聘分联盟”，搭建供需对接平台，累计推送适合大方、纳雍两县贫困劳动力的有效就业岗位 4 万多个。

（三）云端纳才做细就业推荐服务。深挖“互联网 + 就业”新活力，充分发挥网络招聘模式优势，举办对口地区“云端招聘会”，实现劳务对接全程提速，为贫困劳动力提供不间断的就业推荐。

三、“对得好”：开好劳务协作“职通车”

（一）“订单培训”不等靠，政府出资提能力。免费开展与就业挂钩的“订单式”培训课程，对培训贫困劳动力并通过鉴定的民办培训机构进行全额补贴。累计赴贵州省大方县、纳雍县开展贫困劳动力职业技能培训 25 次，培训人员 3043 人次。

（二）“家门厂门”无缝接，精准匹配出实效。2020 年共组织企业到大方、纳雍两县举办对口帮扶劳务协作系列招聘活动 15 场，定点投放就业岗位 12 979 个，采取包车接送的方式，帮助大方、纳雍两县 341 名贫困劳动力返穗返岗。

开通天河—纳雍返岗直通车

（三）“岗位匹配”不打烊，

抢抓机遇促复工。依托“花城云聘”“天河企聘”“天河就业”“天河人才港”“就业扶贫直通车”等就业信息平台在线发布和动态更新就业信息，疫情期间收集外出务工意向登记 5400 条，为 526 名大方、纳雍回流人员提供电话回访和发送就业信息服务。

四、“留得下”：打造帮扶服务“全链条”

（一）提供闭环关爱服务，全程跟踪不掉链。从前端岗位供给、中端岗位调整、后端稳定就业三处入手，切实提高帮扶实效。

（二）打造党建引领品牌，就业扶贫党旗红。建立 5 个“山海心连之家”服务站，以党建为引领，为来穗务工人员提供精细化的跟踪管理、有组织的技能培训、多层次的关爱活动。

（三）开展政府购买服务，慰问关怀暖人心。通过购买服务充分发挥专业社工组织力量，构建“互联网＋线上”服务平台，全方位开展跟踪帮扶、心理支援、政策法规解读、节日慰问、户外拓展等服务，全面提升贫困劳动力在天河就业的归属感和幸福感。

2016 年以来，天河区人力资源和社会保障局累计向大方、纳雍两县推荐就业岗位 4 万个，帮助 2100 余名贵州贫困地区贫困劳动力实现异地就业“软着陆”，助推纳雍县的贫困发生率从 2016 年年底的 13.55% 下降到 2020 年 4 月的 0.90%，协助纳雍县于 2019 年代表广东省、广州市接受国务院扶贫工作考核组考核，获得“好”的最优档次。

为纳雍籍来穗务工人员举行欢迎仪式

广西壮族自治区玉林市博白县：

就业扶贫小车间　脱贫攻坚大舞台

博白县润大制衣厂就业扶贫车间制衣工人

广西壮族自治区玉林市博白县将发展产业扶贫与就业扶贫相结合，坚持分类指导，典型示范、以点带面，创新推广就业扶贫车间，帮助大批无法外出务工或自主创业能力较弱的贫困劳动力就地就近找到工作，实现增收脱贫。截至2020年年底，全县已认定就业扶贫车间138家，共吸纳11 352名农村劳动力就地就近就业，其中建档立卡贫困劳动力1745名，人均月增收2500元以上，带动1500多户贫困家庭实现脱贫摘帽。

博白县欧星电子厂就业扶贫车间内工人们正忙于生产

一、坚持以点带面，推进扶贫车间建设

（一）以“小切口”推进试点建设。以自治区深度贫困镇为示范点推进，根据产业发展特色、村集体资源、群众发展意愿等特点推进扶贫车间建设。

（二）因地制宜合理布局。紧扣产业发展特色，注重在产业基础较好、贫困劳动力较多、带贫益贫基础较好的贫困村和易地搬迁安置点布局建设扶贫车间，覆盖健康食品、编织工艺、农产品加工、电子科技、机械制造等主要支柱产业；结合深入推进南流江流域水环境综合整治，引导沿江一批养猪场转型成电子厂、制衣厂等就业扶贫车间；发挥芒竹编传统手工业和优势产业，利用“中国编织工艺品之都”品牌，引导编织企业通过劳务承揽的方式建立居家式就业扶贫车间。

二、坚持大力扶持，落实奖励政策

（一）实施补贴政策。对租赁村集体场所的就业扶贫车间给予场地租金补贴；对就业扶贫车间吸纳建档立卡贫困劳动力就业且满足相应条件后，给予相应政策补贴；对吸纳 30 人以上就业的就业扶贫车间，给予一次性建设补贴，并对超过 30 人的部分，每多吸纳 1 名贫困人员就业再给予一次性建设补助。

（二）实行“1+X”扶持模式。以投资者出资为基础，采取财政补一点、税收返一点、金融机构贷一点、规费减一点、职能部门帮一点等方式，支持有创业能力的贫困劳动力在园区创建就业扶贫车间，引导有技能的贫困劳动力到园区就业。

（三）用好政策资源。用好国家、自治区发展村级集体经济的有关政策，盘活镇、村集体闲置土地、旧学校、旧村委办公楼、村民闲置房屋，作为扶贫车间建设场所，着力解决企业“用地难”问题，帮助贫困村、贫困户增加收益。

（四）加大金融扶持力度。对直接带动贫困户发展产业的经营主体，在规定限额内按不高于同期中国人民银行贷款基准利率连续给予财政贴息补助。对在县内贫困村注册成立且直接带动贫困户发展产业的经营主体，在一定贷款额度内给予贷款贴息补助。

三、坚持分类指导，打造扶贫车间样板

（一）创建“工厂式”车间 92 家，让贫困户就近入厂务工增收。采用“企业 + 扶贫车间 + 贫困户”的模式，通过建设、购买或租用标准厂房或其他构筑物，从事农产品加工、手工业、来料加工等生产加工活动，让有时间、有一定劳动技能的贫困群众就近入厂务工，增收脱贫。

（二）创建“居家式”车间 8 家，让贫困户足不出户有钱收。采取在家制作手工品、对农产品进行初加工等方式生产扶贫产品，由企业或合作社牵头，统一包装销售，实现就地就近灵活就业，有效破解了部分贫困户因照顾老人、小孩时间或行动不便而难以入厂务工的难题，让贫困户的厅堂变厂房，随时在家加工就有钱收。

（三）创建“种养式”车间 35 家，让贫困户有稳定增收产业。引导龙头企业和专业大户以种植、养殖基地为中心，采取“合作社 + 基地 + 农户”运作模式，创建“种养式”就业扶贫车间，带动贫困户共同发展，有效破解贫困人口因缺乏技术不愿发展种养产业的难题，带动贫困人口稳定发展产业，实现增收脱贫。

（四）创建“贸易流通式”车间 2 家，让贫困户致富有渠道。借助新型流通业态，建立特色农产品集中交易市场，提升冷库库容，不断完善电子信息平台，建设服务站点，推进线上线下结合，打造“一村一品”“互联网 + 扶贫”模式，与贫困户建立稳定产销关系，有效破解贫困户因缺乏市场渠道导致的销售难问题。

（五）创建“乡村旅游式”扶贫车间 1 家，让贫困户拓宽就业门路。建立以“合作社”和“公司 + 农户”形式为主的旅游扶贫车间，吸纳贫困群众以资金入股、土地入股、就地就业等方式增加收入。

四、坚持规范化管理，夯实带贫益贫基础

（一）严格认定标准。重点做到“六个确保”，即确保安排到每个扶贫车间就业的贫困劳动力 5 人以上，确保车间就业的每个贫困劳动力一年内工作时间累计 6 个月以上，确保车间就业的每个贫困劳动力一年内领取工资薪酬累计 6000 元以上，确保人人签订劳动合同或劳务协议，确保车间就业的贫困劳动力每人每月购买意外伤害保险 15 元以上，确保“工厂式”扶贫车间面积 100 平方米以上。

（二）创新开发信息系统。根据实际开发博白县就业扶贫车间管理系统，全面、准确、及时记录每个车间和每个贫困劳动力在岗工作相关情况及数据信息，进行实时动态监管。

（三）推行星级评定。制定五个等级星级评定方案，根据就业扶贫车间实际达标情况授牌奖励。

（四）设立退出机制。加强就业扶贫车间带贫益贫成效考核，对达不到规定标准的企业取消其就业扶贫车间称号和享受扶持政策的资格。

五、坚持整合资源，致力做大做强

2020 年 7 月，探索创建就业扶贫车间联合体，把全县通过认定的就业扶贫车间联合起来组建博白县就业扶贫车间联合体。在此基础上，按照产业分类组建编织产业集团、制衣产业集团、农业开发集团、林产化工集团、食品产业集团、电子产业集团等六大专业集团。就业扶贫车间联合体各成员资源共享、信息共享、商机共享。全力提升就业扶贫车间的市场竞争力，增强带动贫困劳动力就业脱贫致富能力，引领全县就业扶贫车间朝着做大做强的目标迈进。同时，围绕“做大做强，提质扩面”的目标，努力把有条件的就业扶贫车间培育成为规上企业，鼓励引导规上企业积极创建就业扶贫车间，把扶贫车间建设成扶贫工厂，进一步增强就业扶贫车间的抗风险能力和带动就业能力，帮助更多无法外出务工的贫困劳动力就地就近找到工作。截至 2020 年年底，已有 10 家就业扶贫车间所在工业企业成为规上企业。

广西壮族自治区贺州市：

坚持“四个导向” 推动就业扶贫走深走实

2019年以来，广西壮族自治区贺州市认真贯彻落实党中央、国务院、自治区和贺州市委、市人民政府关于脱贫攻坚的重要决策部署，坚持目标导向、问题导向、结果导向、质量导向，扎实推进就业扶贫各项工作落实，全面助力打赢打好脱贫攻坚战。

一、坚持目标导向，落实工作“不含糊”

（一）明确目标任务。紧盯2019年的3个县（区）脱贫摘帽、61个贫困村脱贫出列、8.662 4万贫困人口脱贫销号，以及2020年33个深度、极度贫困村脱贫出列和1.381 4万名贫困人口脱贫销号，形成“发展扶贫车间吸纳、支持返乡创业带动、开展有组织劳务输出、开发公益性岗位安置”四种渠道，帮助贫困劳动力实现就业创业，全力促进贫困劳动力增收脱贫，不断巩固脱贫成果。

（二）压实工作责任。抽调业务骨干尽锐出战，对各县（区）党委和政府脱贫攻坚成效按月通报排名、按季度考核评分；落实每月例会议事制度，压实县（区）人力资源社会保障部门责任。

（三）强化督促指导。研究制定2020年脱贫攻坚工作要点和就业扶贫工作倒排工期实施方案，紧盯目标，挂图作战。抽派精干力量组建脱贫攻坚专家团队，深入县（区）“蹲点”开展业务指导，协调解决基层就业扶贫“结症”，有效地推动了就业扶贫各项指标的落实。

二、坚持问题导向，分类施策“不回避”

（一）因地制宜建设扶贫车间。针对就业扶贫车间吸纳贫困劳动力较少、带贫率不高的问题，吸引企业在乡镇、村屯建设茶叶加工、瑶绣制作、粤桂扶贫“1+N”等各类就业扶贫车间，吸纳贫困劳动力就近就业。截至2020年年底，全市累计认定扶贫车间348家，带动贫困劳动力就业4318人。“贺州市大力建设扶贫车间”工作入选人力资源社会保障部“2019年就业扶贫典型事例”。

（二）因人施策开发扶贫岗位。针对一些不适合外出打工且有一定劳动能力的贫困人口，特别是应对2020年突如其来的新冠肺炎疫情，采取多形式开发扶贫公益性岗位安置就业，托底保障贫困家庭就业增收。全市累计开发扶贫公益性岗位吸纳贫困劳动力就业4765人，开发村级临时性扶贫岗位吸纳5555人就业，非固定性村级扶贫公益性岗位吸纳6158人就业。

（三）按需施教组织技能培训。大力开展“贺州市技能扶贫大行动”，实现技能培训计划脱贫村和易地搬迁安置点“全覆盖”；创新开展“三位一体”技能培训模式，以“集中培训”模式在技工院校开展“粤菜师傅”等技能培训，以“下沉培训”模式把培训班办到村屯和易地安置点，以“送外培训”模式做好粤桂协作扶贫培训，确保技能扶贫活动进村入户。截至2020年年底，全市已累计完成33个贫困村及25个易地搬迁安置点的技能培训工作，全市贫困劳动力参加技能培训10 297人次，培训后实现就业4934人，就业率达47.92%，技能扶贫工作成效明显。

三、坚持结果导向，后续扶持“不断档”

（一）紧盯易地扶贫搬迁群众“稳得住”。联合扶贫、移民部门摸清搬迁劳动力底数，开展就业帮扶专项行动，实现有劳动能力和就业意愿的易地扶贫搬迁12 386户

29 353 人中每户至少 1 人就业，确保搬迁群众“搬得出、稳得住、能脱贫”。

（二）紧盯深贫地区群众“能脱贫”。攻克“土瑶”深度贫困地区和深度、极度贫困村的脱贫最后堡垒，2020 年“土瑶”贫困劳动力实现转移就业 3698 人，其中 668 人在广东省稳定就业。

（三）紧盯极度贫困人口“有就业”。逐一筛查并建立全市 673 户极度贫困户精准台账，实施“一对一”就业帮扶，确保每户极度贫困人口有 1 个就业渠道，不会因失业而返贫致贫。贺州市就业扶贫的经验做法被人力资源社会保障部《中国就业》杂志、中国劳动保障新闻网、广西扶贫信息网等媒体报道。

贺州市贫困劳动力实现稳定就业

四、坚持质量导向，创新服务“不打烊”

（一）优化“互联网＋就业”信息平台。优化市、县微信公众号平台，多方面、全方位、多层次发布就业扶贫政策和岗位信息。富川瑶族自治县在新冠肺炎疫情防控期间，以行政村为单位建立“就业职通车”微信群。利用广西扶贫 App 平台开展贫困劳动力就业实名制动态管理，根据就业意愿精准推荐岗位就业。

（二）深化粤桂扶贫劳务协作。贺州—肇庆人力资源服务工作站自 2019 年互设共建以来，共发布广东地区企业岗位 15.1 万个；截至 2020 年年底，共引导 17.97 万贫困劳动力外出务工，占 2019 年外出务工总人数的 105.90%；开展“点对点”专车送工服务，组织 19 批 120 车 2227 名农民工（其中贫困劳动力 1293 人）包车赴粤返岗复工，全力解决务工人员“出行难”问题。组织实施粤桂扶贫协作“粤菜师傅”集中培训和“两个 100 人”（粤菜师傅、育婴员各 100 人）赴粤培训项目，有效增强贫困劳动力就业创业能力。引进广东企业建立“富川—四会扶贫协作产业园区”，吸纳当地 240 多名农村劳动力（其中贫困劳动力 80 多名）就业，设立粤桂协作扶贫车间，实现劳务协作与产业协同“双赢”。

（三）规范基层就业平台管理。昭平县积极探索开展村级就业平台提升建设，在全县 152 个行政村各招聘 1 名就业社保专职协管员开展业务工作，构建“县—（乡）镇—村”三位一体的公共就业社保服务平台，助力就业扶贫在基层提速。

（四）服务结对央企招聘用工。进一步加强与昭平县对口帮扶央企中国航空集团开展就业扶贫劳务协作，邀请中国航空集团到贺州市开展专项招聘工作。2019—2020 年贺州市推荐的 11 名求职者成功应聘中国航空集团乘务员岗位。

海南省白沙黎族自治县：

多措并举促输出　转移就业助脱贫

海南省白沙黎族自治县（以下简称“白沙县”）以促进劳务输出为重要抓手，打出职业技能培训、搭建劳务对接平台、采用务工奖补政策激励、培养劳务输出带头人“组合拳”，引导贫困劳动力外出务工转移就业，实现稳定脱贫。2020 年以来，白沙县共促进 19 098 名贫困劳动力通过务工实现稳定脱贫。

一、加强思想帮扶，引导贫困劳动力外出务工

白沙县 2020 年贫困劳动力军训教育活动现场

编印《就业扶贫政策读本》，发放到户到人，专人负责入户解读。新冠肺炎疫情防控期间制定“企业用工调度工作方案”，将岗位信息精准推送至贫困户手中。2020 年 7 月组织开展贫困劳动力军训教育活动，采用体

能训练和理论知识授课相结合的方式进行，对 54 名贫困劳动力进行为期 5 天的基础体能、政府扶贫政策讲解、就业创业引导等培训。

二、加强技能培训，提升贫困劳动力就业竞争力

准确掌握贫困劳动力培训意愿与企业的用人意向，结合市场和贫困劳动力的职业技能培训需求，开设建筑砌墙、家务操持、橡胶割胶、挖掘机操作等多个培训项目，有效增强贫困劳动力的就业能力，提高就业竞争力。2020 年以来，白沙县劳动就业服务中心共开设职业技能培训班 99 个，培训人数达 6832 人次，其中贫困劳动力 6141 人次。

白沙县挖掘机操作培训班理论教学现场

三、搭建就业平台，帮助贫困劳动力实现就业

新冠肺炎疫情防控期间，开展网络招聘会，积极组织县内企业及农民工参加网络招聘。新冠肺炎疫情缓和后，立即召开“春风行动”“劳务对接会”等大型招聘会，2020 年以来，已举办招聘会 16 场，提供 11 394 个岗位，343 名贫困劳动力达成就业意向。在广东省挂牌成立白沙驻广东就业服务站，为白沙县在粤务工农民工提供权益维护、法律咨询、职业培训等服务。

白沙县2020年就业扶贫招聘会现场

四、开展“点对点”服务，帮助贫困劳动力复工

开展“点对点”就业服务专项工作，安排专车帮助农民工实现从家门口直接到项目工地，确保农民工安全健康到岗，2020年通过“点对点”包车输送服务，输送农村富余劳动力606人，其中贫困劳动力308人。

五、落实就业扶贫奖励政策，正向激励贫困户

出台贫困劳动力外出务工奖励补贴措施，持续优化申领程序和工作流程，加大政策宣传力度。2019年发放外出务工奖励补贴3023人次、644.43万元，发放交通补助1774人次、66万元，合计发放金额710.43万元，正向激励作用显著提升。2020年建立“乡镇审核，就业部门发放”的模式，共发放外出务工奖励补贴19 851人次、4 025.81万元，发放外出务工交通补助13 093人次、488.28万元，合计发放金额4 514.09万元，同比增长6.3倍。

六、培养劳务输出带头人，发挥能人带头效应

印发“白沙县支持疫情期间农民工返岗复工的五条措施”，对在新冠肺炎疫情防控期间推荐白沙县户籍劳动年龄内（16~60岁）务工人员到省重点项目、重点工程务工的班组，给予一次性就业创业服务补助。

重庆市开州区：

靶向施策　助推贫困劳动力更好就业

重庆市开州区坚决贯彻落实上级决策部署，用好各项政策，扎实工作措施，实现有劳动能力和就业意愿的贫困对象全部就业。

一、双项摸底，精准匹配岗位

（一）摸清就业底数。采取“不见面摸底 +App 采集”模式，以镇乡为主体、村两委强配合，驻村工作队牵头、帮扶责任人负责，逐户逐人摸底贫困劳动力就业信息，做到“就业状态、就业需求、技能水平、就业困难、帮扶对策”五清。

（二）摸清用工底数。围绕进驻企业、龙头企业、园区企业、扶贫车间等用工主体，排解问题，厘清需求，做实对接，建立三产企业用工台账，实现“企业产能、员工总数、缺工人数、空岗结构、问题困难”五清。

（三）精准匹配岗位。印制《贫困劳动力岗位对接服务手册》，送岗到家；依托区贫困人口就业摸底调查系统和开州人才网微信公众号等平台，围绕就业意愿、个人特长和用工条件等指标，建立就业扶贫信息库，科学匹配岗位，逐人定制推荐就业；开展专项活动，双向优先推荐就业信息；24 小时开展应聘服务，帮助贫困户及时找到最优岗位。

二、三向联动，有效转移就业

（一）“点对点”运输。工作队、村支两委和帮扶干部协同负责，提前收集贫困劳动力出行时间和目的地信息，开辟“务工专车”专项通道，采取返岗包车分组编队、行前提醒、物资准备、出发签到、途中衔接、抵达对接“六步工作法”，降低感染风险，化解出行困难，实现贫困群众“家门口上车，厂门口下车”。

（二）“线搭线”外联。用好结对帮扶、对口支援、定点扶贫力量，打好“开州餐厨”“金开家政”“开州建工”三张劳务品牌，发挥驻外劳务办事处、乡情联谊会和在外流动党组织的联络纽带作用，引导贫困劳动力有序返岗复工。

（三）“人跟人”帮扶。出台 4 项 25 条就业扶持政策，逐一落实求职补贴等措施，帮助贫困户解决复耕入院、复学入校等具体困难，打消其外出务工顾虑。逐一指导线上操作，开展无接触线上技能培训，提升贫困劳动力选岗适岗能力。动态评估新冠肺

送建档立卡贫困劳动力赴山东就业

炎疫情对贫困劳动力复工稳岗影响，建立预计返乡人员“预备岗位”台账，健全镇村干部“一对一”常态联络机制，纾解心理困局，帮助多向就业。

三、多频共振，就近就地就业

（一）企业复产吸纳一批。落实责任部门，帮助企业协调返岗、采购、运输、销售各环节，强化人流物流运输保障，分类引导有序复工复产，促进企业稳岗稳员。制发“企业复工复产疫情防控指导督促事项清单”，逐项落实企业防疫措施，确保复工复产安全。

（二）利益联结带动一批。开展龙头企业精准扶贫行动，实施重点龙头企业奖补措施，引导龙头企业到市级贫困村投资兴业。紧密贫困户与经营主体利益联结，通过“生产托管、产品代销”等方式，促进贫困户与经营主体抱团发展，带动贫困户创业就业。因地制宜开发管水、护林、消毒等公益性岗位，帮助贫困劳动力实现就近托底就业，动态消除“零就业”贫困家庭。

（三）政策引导优先一批。通过优先落实社保费缓缴、返还、减免、就业奖补等政策，引导各类经营主体优先聘用贫困劳动力。推行“亲帮亲、邻带邻”全民劳务经纪人模式，充分发挥劳务经纪人的转移带动作用。

重庆市奉节县：

小车间撬动大扶贫

重庆市奉节县大力探索创建扶贫车间，发挥小车间的大作用，从“输血”向“造血”转变，将贫困人口转移就业的“先天劣势”转化为人力资源的“后发优势”，脱贫成效明显。

一、立足“三大机遇”，为就业发展“培土”

（一）藕塘搬迁机遇，大力发展返乡创业园。立足移民“搬得出、稳得住、逐步能致富”的发展理念，按照“政府建设、企业运作、群众务工”的模式，利用用工、场地等优惠政策，号召并组织搬迁到集镇上的原有小作坊、脐橙加工企业、搬迁企业、销售企业等共15家企业开展二次创业。建设两期扶贫车间7700平方米，发展制伞、制鞋、制衣、手工品加工等企业9家，带动就业500余人，其中贫困户100余人，人均月工资2000~4000元。

（二）集镇建设机遇，着力发展内供蔬菜园。利用新建集镇周边剩余的950亩土地，积极发展蔬菜产业，在现有玻璃温控大棚、单体大棚的基础上，引进农业企业3家，建设标准化蔬菜基地，发展辣椒、草莓、番茄、西瓜等瓜果产业，带动周围群

安坪镇扶贫车间内工人们正忙于工作

众 500 人从事蔬菜产业。

（三）三变改革机遇，聚力发展集体经济。积极探索“村级有组织、集体有产业、村民有收益”的集体经济组织。利用电商直播间以及淘宝、阿里巴巴等平台让本地农产品、扶贫车间加工品出农村；打造农家乐、社会化养老院，创设劳务公司、树立广告牌，让城市资本进农村；组建专业化农技服务队伍，采取集约化有偿服务创收，让资源转变为资产、农民转变身份、收入转变来源，平均村集体经济收入超过 8 万元。

二、搭建“三大平台”，为就业创业“播种”

（一）搭建党建“红色”平台。建立以扶贫车间为主的非公企业党小组，把有影响力且是党员的企业家、管理人员、专业技术人员都团结凝聚到党的旗帜下，将党的组织优势转化为企业发展优势，将组织活力转化为企业发展动力，推动企业加快发展。

（二）搭建技术“本色”平台。根据群众就业创业意愿，通过会议培训、专家授课、现场操作等方式，开展畜牧养殖、脐橙种植、家政服务等技术培训，2020 年先后培训致富带头人 178 人次、培训技能人员 167 人次。其中，培训贫困人口 98 人次。

（三）搭建互动“特色”平台。依托“互联网 +”、新媒体等线上线下无缝对接，充分利用网络信息服务平台定期发布就业岗位信息，创新“就业快递”岗位精准推送扶贫新模式，将工作岗位信息推送到帮扶对象手中。与奉节县就业局联合开展“春风行动”专场招聘会，15 家镇域企业参会，提供就业岗位 400 余个，达成就业意向 200 余人，其中贫困户 50 余人。

三、保障“三个到位”，为就业增收“护园”

（一）管理到位。按照“国家投资、政府管理、企业使用”的模式，严把扶贫车间准入门槛儿，制定负面清单，定期检查用工企业的工资支付情况，按照企业用工人数收取质保金，坚决杜绝拖欠农民工工资等违法行为。

（二）服务到位。建立管理机构，竭力为入驻扶贫车间企业争取税收、金融、培训等方面的优惠政策。创建 9 个就业扶贫示范车间，积极申报 2 家规上企业，帮助企业扩大规模，解决企业发展难题。延期收取受新冠肺炎疫情影响企业的租金。

（三）保障到位。落实好灵活就业补贴、创业补贴、吸纳就业困难人员社保补贴

就业扶贫示范车间工作场景

等政策。采取“三送”（送岗位、送信息、送政策）入户方式，帮助受新冠肺炎疫情影响的务工人员实现再就业。紧密跟踪1814个建档立卡贫困户的就业动态，每季度都对贫困人员就业失业状态、就业需求变动情况进行核实完善，动态管理。

四、力求“三个推动”，为扩大就业“固本”

（一）推动本地务工。坚持“中心工厂+家庭工厂”模式，企业以扶贫车间作为中心工厂，把订单分给农户形成家庭工厂，统一培训、统一指导、统一回收、计件核薪，将车间建到村头，将就业送到户头。各村利用闲置土地、闲置学校、门市、废弃农房“招商”，已开发闲置场所6000余平方米，入驻“扶贫车间”4家，带动就业250人。创办家庭式“扶贫车间”22个，通过“居家加工、集中收运、分户计酬”，让部分有照顾病人、老人、孩童需求的劳动力足不出户就能实现就业。

（二）推动困难群众就业。鼓励企业开发弱劳动力、残疾人工作岗位，进一步挖掘贫困家庭增收潜能，提升脱贫信心。万仕达塑料制品加工厂为20余名贫困家庭的弱劳动力、残疾人提供工作岗位。新开发公益性岗位159个，出台“公益性岗位考核管理办法”，有效解决贫困户的就业难题。

（三）推动外出创收。有序组织劳务输出6468人，登记城镇新增就业人员295人，登记失业人员就业98人，就业困难人员就业93人，成功办理小额创业担保贷款32笔共575万元，其中贫困户1笔15万元，帮助多名劳动者通过创业实现自主就业，有效促进了就业创业工作。

四川省广元市苍溪县：

多措并举　立体帮扶

四川省广元市苍溪县为全力实现“一人就业，全家脱贫”“一人创业，一方致富”目标，着力实施“两覆盖、两扶持”，突出贫困群众外出务工就业和吸引优秀农民工返乡创业工作，就业扶贫成效显著。近三年来，全县累计转移 11.8 万人次贫困群众稳定就业，吸引 4765 名优秀农民工回乡创业，创办实体 3371 个，就地就近吸纳就业 4.7 万人，其中贫困劳动力 1.52 万人，带动 4.66 万人脱贫。

苍溪县亭子镇长江村“一村一品”梨旅融合返乡下乡创业示范园

一、建立平台，实现就业创业信息全覆盖

（一）动态采录信息。充分依托乡镇人力资源社会保障服务所、村服务站，逐村逐户进行“过筛式”摸底调查，动态更新就业扶贫“一库五名单”和东西部扶贫劳务协作“一库三名单”信息6万余条，准确掌握全县农民工特别是贫困群众的就业创业、技能培训、子女职业教育需求等情况。

（二）精准发布信息。畅通东部省份企业用工信息渠道，结合贫困群众就业意愿和市场需求，利用政务服务网站、微信公众号、短信等多种媒介精准发布用人企业名单、岗位工种、技能要求、薪酬待遇等岗位信息5万余条。

（三）完善信息互动。以全省农民工服务平台为依托，通过建立农民工“三级微信群”等方式，一方面让外出务工农民工了解家乡的发展变化，为家乡发展建言献策；另一方面了解农民工诉求，帮助解决他们的实际困难，让他们安心闯天下；发挥好平台的桥梁纽带作用，帮助农民工找到在家乡发展的机遇，引导他们带着技术、项目、资金和先进观念返乡创业，成为脱贫攻坚的生力军。

二、多网共享，实现转移就业服务全覆盖

（一）党建“一张网”。在广东、甘肃等地建立流动党组织8个，建立健全流动党员农民工信息库，实现在外农民工党员“离乡不离党”“流动不流失”。全面提升党组织的服务能力，协助实施“定向回引”计划，大力宣传全县经济社会发展成果，为家乡招商引资提供有效投资信息并搭建项目对接洽谈平台。

（二）工会“一张网”。着眼解决外出务工人员维权难的问题，县总工会主动延伸关口和触手，先后与33个省（市、县）工会建立联动维权机制，为外出农民工织就了一张维权保护网。创新探索新的异地维权模式，在西安、西宁、乌鲁木齐、兰州、广东等苍溪籍外出务工人员聚集地建立农民工维权联络站，为外出务工人员提供快捷便利的维权服务，先后协调处理了赴疆农民工李某工伤索赔案等3起农民工维权案件。2019年5月，通过广东苍溪籍外出务工人员服务站成功帮助110余名苍溪籍农民工维权，得到中共四川省委常委、省总工会主席田向利的肯定性批示。

（三）人社“一张网”。在兰州、宁波、三门等地建立驻外农民工工作站 10 个，全方位提供就业信息、技能培训、权益维护、政策咨询等综合性服务。年均整合多地优质岗位信息 8000 余条，举办劳务协作招聘会 9 场，签订意向就业协议 1200 余人，让更多的贫困群众通过这一平台，真正实现“就业一人，脱贫一家”。2019 年 5 月，浙江三门—四川苍溪农民工工作站成立，《人民日报》对此进行了宣传报道。

（四）商会“一张网”。充分发挥商会推进企业发展和服务农民工的纽带作用，实现三个“效应”。一是强化服务农民工“磁场效应”。把分布在北京、重庆、广东等地的 1000 余家劳动密集型企业联系在一起，加强企业之间互动交流，实现商机共创、抱团发展，通过苍溪企业家联盟为苍溪籍农民工开展就业援助服务。二是强化服务农民工“凝聚效应”。商会把农民工的教育、管理、服务与会员企业服务有机结合起来，利用每年春节、中秋节等节日，组织召开农民工联谊会，既联络感情，也探讨发展。三是强化归巢创业的“示范效应”。深入推进“归巢创业工程”，开展“万企帮万村”活动，引导在外企业家回归家乡，参与家乡经济建设和精准扶贫行动。苍溪黄猫垭商会获评全国“万企帮万村”精准扶贫行动先进民营企业。

三、立体帮扶，实现转移就业全扶持

（一）送岗位。结合“春风行动”和东西部扶贫劳务协作，每年举办招聘会 80 余场，累计接待求职人员 8.2 万人次，提供就业岗位 7 万余个，组织贫困劳动力转移就业 4.1 万名。

（二）送补贴。创新出台《苍溪县东西部扶贫劳务协作奖励扶持办法》，对到浙江省三门县签订一年以上劳动合同并稳定就业 3 个月以上的贫困人口每人每月补贴 2000 元，非贫困人口每人每月补贴 1200 元。截至 2020 年年底，已输送 206 人到三门县稳定就业，人均月收入 6000 元以上，带动 360 余名贫困人口增收脱贫。

（三）送关怀。全覆盖走访慰问农民工，发放价值 1818 万元的慰问物品，召开异地农民工慰问座谈会 24 场。2020 年为破解新冠肺炎疫情期间劳务输出难题，创新提出的“三个三”模式在全省范围内推广。以驻外农民工服务站为依托，与贫困劳动力务工较为集中的浙江、广东、成都等地建立“预约”直送制度，采取返岗要件预约、信息互通、健康证明互认等措施，组织“春风行动”务工（返岗）专车 148 批次，免费输送农民工 7848 名，协调解决 2066 名农民工返岗交通费用 195 万元。

（四）送技术。根据贫困群众培训意愿，开展订单式培训，把技术送到贫困群众家门口和务工地，有针对性地开展技能培训 386 个班 1.2 万人次。

（五）送维权。全域开展农民工工资报酬治欠保支行动，累计督促用人单位支付拖欠农民工工资 2432 万元，协助省外农民工追薪 270 万元。

（六）送援助。为返乡创业农民工开设业务办理“绿色通道”，延长业务经办时间，简化经办流程，办理各类证照 4720 人次，办理社会保险业务 1.2 万人次。

2020 年苍溪县白山乡猕猴桃种植技术培训现场

四、多措并举，实现返乡创业全扶持

（一）出台激励优惠政策。研究出台《苍溪县关于支持引导在外人士返乡创业的实施意见》，优惠政策涉及市场准入、项目审批、财政税收等 7 个方面，共 20 条。制定《苍溪县创业担保贷款财政贴息工作联席会议制度》《苍溪县个体和企业创业担保贷款财政贴息政策及申报流程实施意见》，切实保障创业实体融资需求。近三年来，全县新增个体创业担保贷款 1.3 亿元，惠及 943 户。

（二）健全对接联系制度。建立“苍溪县返乡下乡创业人员信息库”，收录 370 名固定资产 5000 万元以上在外商界人士和 68 名投资 100 万元以上返乡下乡创业代表人士的基本信息。对入库的创业成功人士，按照全覆盖的标准，由 34 名县级领导干部全面落实联系服务制度，常态化保持沟通联络，及时准确掌握在外人员投资动向，适时宣传政策、推介项目。

（三）储备成熟优质项目。开展返乡下乡创业投资专项行动，精准储备一批经济效益好、社会效益高的优势项目，编印《苍溪县返乡下乡创业重点项目汇编》，涵盖基础设施、农业、工业、旅游业、社会事业等类别。创新推出的“扶贫车间 + 基地，巩固脱贫成果”经验在 2020 年 6 月和 5 月分别被中央电视台和四川电视台专题宣传报道。

（四）搭建职教培训平台。搭建起涵盖苍溪县职业高级中学、苍溪嘉陵中等职业学校等 14 家定点职业培训机构的综合性就业技能培训平台，创新建立“培训基地 + 用工企业”“培训基地 + 农民”的技能人才培训体系，常年开展农民工技能培训。

（五）培育优秀农民工典型。出台《苍溪县返乡创业先进典型评选表彰办法》，带动在外能人返乡创业，实现“返乡创业一人、带动致富一方”目标。中共苍溪县委、县政府积极引导返乡创业实体参加川商返乡发展大会、中外知名企业四川行等活动，每年举行返乡创业“十强领军人”评选活动。全国人大代表白驿镇李君获得“全国脱贫攻坚奖奋进奖”，并在全国脱贫攻坚先进事迹报告会上做主题报告；黄猫乡罗洪被授予“全国优秀农民工”称号；石马镇曹军和歧坪镇蒋先直、陵江镇向峰、浙水乡陶诗敬、歧坪镇王艺晓被四川省政府表彰为“四川省优秀农民工”“四川省返乡创业明星”。三年来，全县共评选出返乡下乡创业“十强领军人”20 人，“返乡创业先进集体”10 个，“感动家乡十大奉献人物”10 人。

（六）制定绩效考核办法。建立返乡创业绩效考核机制，重点对优秀农民工返乡创业“回引”、过程扶持、保障政策落实等方面进行考核，确保“回引”一个、成功创业一个。

四川省凉山彝族自治州：
“奋勇直追” 扎实推进就业扶贫工作

近年来，四川省凉山彝族自治州（以下简称“凉山州”）牢记习近平总书记殷殷嘱托，坚持“稳中求进、尽力而为、量力而行、务求实效”的总基调，认真落实技能培训、公益性岗位、专场招聘等就业扶贫措施，不断推进就业扶贫工作。2016年以来，全州就业部门共培训建档立卡贫困劳动力23.42万人，累计开发公益性岗位25 884个。2020年11月，凉山州最后7个贫困县摘帽，历史性地解决了凉山州千百年来的绝对贫困问题，与全国全省同步全面建成小康社会。

一、强化政策保障

为进一步落实中央、省对凉山州深度贫困地区的扶贫倾斜政策，凉山州先后出台了《关于进一步加大就业扶贫政策支持力度助力脱贫攻坚的通知》（凉人社发〔2019〕3号）、《关于开展就业扶贫基地、车间认定工作的通知》（凉人社函〔2019〕143号）、《关于做好2019年贫困村公益性岗位开发与管理工作的通知》（凉人社办发〔2019〕23号）、《关于贯彻〈中央和省级就业创业补助资金管理办法〉的实施意见》（凉财社〔2019〕81号）、《关于印发〈凉山州就业技能培训工作管理办法〉的通知》（凉人社发〔2020〕14号）、《关于进一步加强农村公益性岗位管理的补充意见》

（凉人社办发〔2020〕62号）等政策文件，将职业技能培训生活补贴、吸纳贫困劳动力就业奖补纳入就业创业补助资金使用范围，更好地发挥中央、省级财政资金作用；同时提高了培训补贴标准，从政策层面将技能培训和就业促进工作向强化服务、提高质效、促进增收上引导。

二、抓实技能培训

凉山州深入实施"深度贫困地区贫困劳动力技能培训全覆盖行动"（以下简称"全覆盖行动"）。2016年以来，全州就业部门共培训建档立卡贫困劳动力23.42万人（其中2018年以来全覆盖行动培训19.26万人）。新冠肺炎疫情发生后，凉山州暂停了线下技能培训工作，依托四川省职业技能提升网络培训平台开展线上培训。建立四川省职业技能提升网络培训平台凉山分院，将涵盖生产制造、交通运输、家庭服务、休闲服务、职业素养、创业培训六大类别的1364个在线课程资源宣传到乡镇（街道）、村（社区）和企业，指导劳动者掌握平台的操作方法，发动其积极参加线上培训。该平台上线以来日均登录人数达3200余人。为确保新冠肺炎疫情防控和脱贫攻坚两手抓、两手硬，凉山州及时分解2020年全覆盖行动和劳务品牌培训、返乡下乡创业培训、易地扶贫搬迁集中安置点技能培训等目标任务，开展中式烹饪、电焊、砌筑、种养殖等培训周期短、易学易会、脱贫增收见效快的"短平快"技能培训和重型机械操作、货车驾驶等就业率高、收入高的技能培训。2016年以来，累计培训贫

经过技能培训的绣娘参加彝绣比赛

困劳动力 52 556 人，完成年度目标任务 4 万人的 131%。

三、开发公益性岗位

结合新农村和彝家新寨建设实际，有针对性地开发保洁、保绿、孤老和留守儿童看护、道路维护、护林、就业扶贫、禁毒防艾等公益性岗位，过渡安置贫困劳动力。2019—2020 年根据四川省脱贫标准三次上调岗位补贴，目前每人每月按 550 元发放。建立公益性岗位月调度制度，推行安置和使用岗位承诺制，进一步落实乡镇、村主体责任，加强公益性岗位动态管理。2020 年全州新开发农村公益性岗位 6000 个，累计开发 25 884 个，持续发挥公益性岗位“兜底线、解急难”作用。

四、组织公共招聘

2016 年以来累计举办就业扶贫专场招聘会 244 场，送岗位信息下乡活动 408 场，共提供岗位 29.27 万余个，达成意向的贫困家庭劳动力 3.71 万人。新冠肺炎疫情发生后，将线下招聘活动转为线上，通过凉山公共招聘网、“凉山就业”微信公众号打造“就业服务不打烊、网上招聘不停歇”的全天候线上服务，累计举办就业扶贫专场招聘会（含网络招聘）87 场，发布招聘岗位 7.98 万个，投递简历 2.83 万封，达成就业意向 7913 人。

五、建设扶贫车间

出台就业扶贫基地、车间认定办法，鼓励各类生产经营主体吸纳贫困劳动力就业。2020 年认定就业扶贫车间 45 个、扶贫基地 4 个，吸纳贫困劳动力 760 人，累计认定扶贫车间达到 87 个、扶贫基地 11 个。

四川省达州市：

不辱使命挑扶贫重担　多方发力助就业致富

2016 年以来，四川省达州市紧紧围绕“就业一人、脱贫一户，创业一人、带动一批”的目标，创新工作机制、完善政策措施、精准靶向发力，积极推动就业扶贫工作落地见效，确保实现每个贫困家庭至少有 1 人实现就业，就业扶贫焕发出强大的生命力，趟出了就业扶贫助力脱贫攻坚的“达州新路”。

截至 2020 年年底，全市开展就业扶贫专场招聘会 305 场，各项职业培训 7.42 万人，帮助贫困家庭劳动力实现就业 26.3 万余人，其中劳务输出 21.49 万人、本地转移就业 2.3 万人、创业 1.05 万人，安置贫困劳动力公益性岗位 1.46 万个。

一、“三个强化”构建就业扶贫新格局

按照四川省和达州市扶贫攻坚工作部署，以贫困群众需求为重点，充分聚焦贫困家庭劳动力能力提升，健全组织、开阔思路、创新举措，认真实施精准扶贫，切实提升人力资源社会保障部门为贫困群众“治穷病、拔穷根”的服务能力。

（一）强化组织保障，明晰工作责任。为深入推进扶贫攻坚工作，增强扶贫对象“造血功能”，实现精准扶贫与精准脱贫有效对接，全市人社系统分别成立了精准扶

贫工作领导小组，下设综合协调、就业创业、社会保障、人事人才和对口帮扶 5 个职能小组。同时，制定了《达州市人社系统精准扶贫实施方案》《达州市精准扶贫技能培训和就业促进计划》和《达州市人社系统精准扶贫任务分工方案》等文件，设立了精准扶贫工作领导小组办公室，明确目标任务，倒排工作时序，靠实工作责任，做到了方案具体、目标具体、步骤具体、责任具体。

（二）强化动态管理，全面摸清底数。充分发挥乡镇主体作用，严格按照调查摸底和建档立卡的相关程序，将贫困家庭劳动力建档立卡作为实现精准扶贫的基础性工作，对贫困劳动力情况进行逐一摸底调查，建立贫困劳动力实名制数据库，实行常态管理。全市“一库五名单”登记入库贫困劳动力 39.3 万人，培训名单登记 7.42 万人，创业名单登记 1.05 万人，企业吸纳就业名单登记 2.09 万人，转移就业名单登记 26.3 万人，公益性岗位安置名单登记 1.46 万人，做到数量情况、分布情况、致贫原因、现实状况、就业意向、培训愿望“六清楚”。

（三）强化检查督导，确保工作成效。坚持以部门联动为抓手，主动协调扶贫、农业等部门，加强精准扶贫工作跟踪问效。深入贫困村开展扶贫攻坚督促检查，并将检查出的问题同步反馈各职能部门、乡镇和驻村工作队。督促各地结合乡镇、村产业发展实际，按照一村一业、一技一训、一户一策的要求，加强整改落实，确保工作成效。全市累计派出 22 个检查组，开展督促指导 1500 余人次，共投入就业扶贫资金 1.79 亿元，为就业扶贫工作的顺利开展提供了资金保障。

二、“四个载体”开辟就业扶贫新路子

（一）设立就业扶贫专员，扶贫阵线打头阵。针对贫困村普遍存在的村级脱贫攻坚力量十分薄弱的现状，从基层劳动保障协理员、大学生村官、村支两委成员、公益性岗位人员等选派优秀人员在就业扶贫示范村担任就业扶贫专员，专（兼）职从事就业扶贫工作。全市在贫困村配备就业扶贫专员 108 名，在派驻第一书记的非贫困村配备就业扶贫专员 114 名。

（二）组建就业扶贫挎包服务队，延伸服务无死角。创新组建就业扶贫挎包服务队，以延时服务无休假、延伸服务无死角为宗旨，上门为居住偏远、道路交通不便的

贫困群众提供“送政策、送岗位、送培训、送技术”四送服务，打通就业扶贫服务群众“最后一公里”。全市组建就业扶贫挎包服务队 133 个，成员 428 人，发放就业创业政策宣传资料 2.3 万余份。

就业扶贫挎包服务队

（三）建设就业扶贫车间，吸纳就近就地就业。鼓励和引导园区企业、手工艺术、农业基地入村、入镇、进园设点布局，通过搭建“车间、基地、能人、电商 + 贫困劳动力”平台等多种模式，合力打造就业扶贫车间，吸纳贫困劳动力就近就地就业。全市建成就业扶贫车间 63 个，带动 126 个贫困村、672 户贫困户就业，吸纳贫困劳动力就业 655 人。

（四）打造就业扶贫基地，发挥引领示范作用。整合各类产业园、返乡创业园、新型农业经营主体或其他经济实体等创建就业扶贫基地，充分发挥引领带动示范作用。全市共建成就业扶贫基地 175 家，吸纳创业项目 180 个，带动贫困劳动力就业 1705 人，人均年纯收入 1.2 万元以上。

三、“百千万”工程谱写就业扶贫新篇章

（一）百名专家帮百村，着力对口帮扶。依托贫困劳动力“一库五名单”，全面掌握贫困群众需求及贫困村产业发展特点，每年组织省、市、县各级专家到村开展现场技术指导服务和座谈交流，帮助基层群众解决技术难题。全市共邀请 18 名省级以上知名专家来达州开展“专家服务团精准扶贫达州行”活动，为工业、农业、医疗卫生和服务业发展及经济转型升级把脉问诊、传经送宝，活动累计举办专题讲座 28 场，开展现场技术指导和座谈交流 42 场，培训各类技术人员和农村贫困劳动力 2300 余人次。组织市、县两级畜牧、农业、林业、科技等部门的 126 名专家进驻 100

个扶贫村开展产业对口帮扶活动，为贫困村、贫困户量身定制、精准推送科学技术。

（二）百企千岗送百村，着力就业带动。积极开展省外、省内、市内三级劳务协作，每年组织上百家企业带着上千个岗位下乡进村开展上门招聘；深入落实东西部扶贫协作要求，主动与浙江省舟山市签订《东西部扶贫劳务协作暨职业教育与就业培训合作协议》，开展定向劳务输出；加大公益性岗位托底安置，保障大龄、残疾等转移输出困难人员就近就业。全市共开展就业扶贫专场招聘会 305 场（东西部劳务协作专场招聘会 32 场），累计提供就业岗位 17.9 万个，开展公共就业服务 20 万余人次；开发农村公益性岗位，托底安置贫困家庭劳动力 1.46 万人；新冠肺炎疫情期间开发临时公益性岗位，过渡性安置贫困家庭劳动力 5082 人。

（三）百人创业带千户，着力创业引领。大力开展贫困家庭劳动力创业培训，积极落实创业培训补贴、项目推介、创业指导、资金扶持等政策，积极引导和支持贫困人员创家业、能人创企业，聚力打造“一县一业”“一镇一品”等品牌创业项目，全面提升贫困户创业就业能力。全市开展创业培训 1.3 万人，扶持贫困劳动力创业 0.5 万人，吸纳就业 1.2 万余人。

（四）万人培训入万家，着力技能提升。针对贫困人口中有就业意愿的对象，组织专业培训机构开展农村实用技术、乡土人才培训和技能就业能力培训，根据学员年龄跨度大、基础薄弱的实际，采取订单、定向等培训模式，为受训学员量身定制教学计划，组建经验丰富的教师团队，利用多媒体、课堂演示、实地操作、交流沟通等直观易懂的教学方式，培训内容丰富、操作简便、实用面广的技能，帮助贫困劳动力不断提升专业技能。依托定点培训机构开展农村实用技术、乡土人才培训和技能就业能力培训 4.48 万人；依托劳务培训基地开展“巴渠建工”“巴渠保安”“巴山妹子”“巴山厨师”等劳务品牌培训 1.6 万人；开展就业“扶贫专班”培训 5 期，培训 281 名贫困劳动力，培训合格率及就业率实现两个 100%。

四川省南充市：构建就业扶贫“四梁八柱” 促贫困劳动力转移就业

四川省南充市始终聚焦“确保有劳动力的贫困家庭至少一人就业”的扶贫目标，构建“四梁八柱”扶贫机制，促进贫困劳动力转移就业 19.5 万人，实现年劳务收入 38.8 亿元。

一、建实就业扶贫“四梁”，实现精准帮扶全覆盖

以精准识别为基础、激发动力为关键、转移就业为重点、技能培训为先导，大力实施就业扶贫“四千工程”，增强内生动力，内外并施，夺取脱贫攻坚战全面胜利。

（一）实施“千户千策”工程，精准识别靶向就业。搭建市、县、乡、村四级公共就业服务平台，按照“村村有站点、户户有台账、人人有对策”的要求建立台账。通过拉网式摸底和精准识别，建实贫困劳动力实名制登记数据库和贫困劳动力基础信息、就业培训、转移就业、自主创业、公益性岗位安置“五名单”并实施动态管理，确保对象精准、项目精准、资金精准、措施精准。全市贫困劳动力入库信息 33 万条，动态更新 30 万人次。

（二）实施“千村千园”工程，创新创业引领就业。坚持整体提升和分类扶持相结合的原则，采取“产业向园区集中、贫困户向园区集中、政策资源向园区集中”的办法，分类建设脱贫奔康产业园。通过“政府引导、农民主体、龙头带动、金融支持、专合组织”的“五位一体”模式，带动引领贫困劳动力实现就业创业本地化、增收致富长效化，确保全市贫困村和贫困户稳定脱贫、持续增收。全市建成脱贫奔康产业园1234个，惠及贫困人口45万人以上，产业脱贫人口占脱贫人口总量65%以上。

（三）实施“千企千岗”工程，拓展岗位转移就业。搭建贫困劳动力就业需求和岗位对接信息平台，按照“户户有就业”目标，动态推送域内域外优质岗位。域内，动态组织1000户以上企业、1000个以上岗位，开展“千企千岗”就业援助乡村行活动；域外，依托东西部扶贫协作机制、驻外办事处和农民工服务保障工作站等平台，开展“回乡招募”“远程招聘”等活动，确保实现就业岗位与就业需求的精准对接。全市累计开展送岗位下乡活动874场次，举办各类招聘会676场，提供岗位28万个次。

（四）实施“千人千技”工程，技能培训提升就业。坚持“授之以鱼，不如授之以渔”理念，按照“人有一技之长”思路按需实施技能提升计划。整合教育、农业农村等部门资源，充分发掘南充市农旅优势，依托二、三产业开展职业技能培训，联合域外协作用工企业、本地重点企业、龙头企业等开展贫困劳动力“家门口”“校门口”“厂门口”培训，确保有培训需求、有就业愿望和就业能力的贫困劳动力应培尽培。全市累计举办扶贫培训740期，培训贫困劳动力4万人次。

二、树牢就业扶贫“八柱”，实现精准服务全渗透

以完善就业政策、精准帮扶稳岗、拓宽就业渠道、优化就业服务、加强技能培训、夯实载体建设、兜底安置保障、劳务输出增收等主要措施，大力推进就业扶贫“八个一批”，提升就业实效，标本兼治，全面巩固脱贫攻坚成果。

（一）落实政策扶持一批。坚持挂责问效，全面推行“就业扶贫专项治理”工作机制，常态化实施暗访督导。开展“3+X”就业扶贫领域专项治理、就业扶贫专项暗

访督查、决战脱贫攻坚督导、扶贫资金项目检查等专项行动，确保扶贫资金使用项目规范、惠及人口精准、政策落实到位。全市全面落实就业扶贫培训补贴、吸纳就业补贴、单程铁路交通补贴、创业补贴等政策，投入资金 21 404 万元，惠及贫困劳动力 8 万人次。

（二）支持企业稳定一批。全面落实稳就业十五条、支持中小企业发展十六条等政策，通过缓缴社保费、返还失业保险费、发放企业职工技能培训补贴等措施，积极支持中小企业发展，增加就业容量。落实失业保险稳岗返还等援企稳岗政策资金 7 953.6 万元，引导企业特别是中小微企业不裁员或少裁员。

（三）返乡创业带动一批。全面落实南充市促进返乡下乡创业二十二条措施，深入实施人才回引下乡、创业扶持下乡、服务延伸下乡“三下乡”工程，带动贫困劳动力创业 3179 人次。同时，全面落实返乡下乡创业园区社保补贴、吸纳就业奖励等政策，大力发展“归雁经济”，建成市级返乡下乡创业园 44 个、创业型乡镇 38 个。

（四）技能提升转岗一批。支持困难企业开展职工在岗技能提升行动，放宽企业职工技术技能提升补贴申领条件，支持失业人员参加职业技能培训。深入实施劳务品牌培训和返乡创业培训，对符合条件的人员给予职业培训补贴、培训期间生活费补贴和职业技能鉴定补贴等。全市累计拨付职业技能提升培训补贴资金 6786 万元，支持 300 余家困难企业开展岗前培训、在岗培训、转岗培训、以工代训、新型学徒制培训，培训职工 56 464 人次。

（五）公岗托底安置一批。统筹整合各类资源，开发乡村保洁员、水管员、护路员、生态护林员等公益性岗位，对大龄、残疾、家庭特别困难的贫困劳动力实施托底安置就业。在当年计划退出的贫困村每村开发公益性岗位不少于 5 个，给予岗位工作人员每人每月不低于 300 元的岗位补贴。全市公益性岗位累计安置贫困劳动力 2.5 万人次。

（六）创建载体吸纳一批。利用村集体的闲置厂房、校舍、空置地等资源，引进投资项目，创办来料加工、农产品初加工扶贫车间等载体。积极发挥就业扶贫基地、扶贫车间、脱贫奔康产业园等载体的示范引领作用，鼓励和引导农合社等新型经营主体开发适合建档立卡贫困劳动力的就业岗位，吸纳贫困劳动力就近就业。全市建立扶贫车间、扶贫基地等载体 218 个，吸纳贫困劳动力 3227 人，农合社等生产经营主体吸纳贫困劳动力 4724 人。

（七）劳务协作转移一批。围绕东西部扶贫劳务协作项目计划，不断深化巩固与浙劳务协作机制，通过线上线下组合招、扶贫车间就近吸、“点对点”往外输、专车专列定向输等举措促进贫困劳动力转移就业。全市贫困劳动力累计实现转移就业 2.3 万人，对口“东送”3288 人；援建就业扶贫车间 159 个，吸纳贫困劳动力 1250 人。

（八）农业生产解决一批。以质量和效益为中心，紧密结合乡村振兴战略，聚焦特色农业，开展新型职业农民培训，推广名优品种和适用技术，引导支持贫困户大力发展特色种养殖和小买卖、小庭院、小养殖、小作坊的“四小工程”。全市实现年均贫困劳动力就地农业生产 10 万人次。

贫困户在农民专业合作社实现就近就地就业

贫困户在就业扶贫车间实现就业

贵州省黔南布依族苗族自治州龙里县：创新“六位一体”工作机制　搭建群众就业创业致富桥

贵州省黔南布依族苗族自治州龙里县以建档立卡劳动力未就业人口为重点，围绕群众增收核心，创新“六位一体”工作机制，搭建群众创业就业“致富桥”，实现建档立卡劳动力精准就业、稳定就业。2020 年，全县建档立卡户有劳动力家庭实现就业 7958 户 14 120 人，易地扶贫搬迁户有劳动力家庭实现就业 1404 户 2761 人，边缘户有劳动力家庭实现就业 177 户 221 人，动态实现“一户至少一人就业”。

一、建强三级组织，高位推动到位

（一）加强组织领导。统筹整合部门资源，成立了中共龙里县委、县政府主要领导任“双组长”的稳就业工作、劳务就业扶贫工作领导小组，下设工业农业、住建工程、商贸物流等 9 个稳就业工作组，明确 6 项职责和 4 项分工，全面统筹协调全县稳就业各项工作。

（二）建立协调机制。同步制定加强劳务就业扶贫工作实施方案，组建镇村党政主要负责同志任组长的稳就业工作协调机构，明确 22 项工作责任，形成了县统筹、镇主抓、村落实的网格化管理、上下协同推进的就业扶贫工作格局。

二、上下联动发力，精准摸排到位

（一）精准摸实底数。采取“大数据 + 就业”模式，建立“县劳动力就业信息大数据平台”，实行建档立卡户、易地扶贫搬迁户、边缘户“三类群体”劳动力信息数据化管理，采取“帮扶干部更新维护 + 镇级核查 + 县级抽查”上下联动方式，动态监测“三类群体”劳动力就业情况，精准动态掌握劳动力底数。

（二）摸清岗位需求数。构建县镇村“一体化”劳务服务平台体系，在现有劳务公司基础上，优化调整，统筹成立镇、村级劳务公司或合作社，通过市场化运作，实现县镇村“三级”劳务平台上下联动发力，精准收集县内外就业岗位信息，形成动态更新的就业岗位数据库。2020 年，累计收集县内外 6887 家企业用工信息 16.55 万条，相继推荐 14 306 名建档立卡劳动力转移县内外就业。

三、部门联动协作，岗位开发到位

（一）整合优势资源，主动内拓岗位。结合县域发展实际，以工业农业、住建项目、文旅物流等企业为重点，开发 5847 个适宜建档立卡劳动力就业岗位，优先吸纳县内“三类群体”就业，切实保障建档立卡劳动力稳岗就业。

（二）挖掘外输渠道，促进转移就业。以对口帮扶为基点，拓点扩面，建设劳务协作就业通途。根据劳动力群体外出就业意愿，联合交通、卫健等部门采取就业直通车等方式实行返岗专项行动，推进新冠肺炎疫情影响下 6590 名建档立卡劳动力转移就业。

（三）发挥政策优势，强化兜底保障。大力开发护校员、护路员、保洁员、防疫员、管水员等公益性岗位，全力兜底保障劳动能力弱、因照顾家庭不能外出、因病因残丧失部分劳动能力等的建档立卡劳动力就业。

四、线上线下结合，岗位推荐到位

（一）线上人岗精准匹配促进就业。以劳动力就业信息大数据平台为基础，打通与县镇村“一体化”劳务公司接口，实现移动端实时智能精准匹配本地企业用工，形成了“掌上劳务推荐”服务模式，有效提升匹配度和成功率，让建档立卡户、易地扶贫搬迁户、边缘户“三类群体”务工就业更便捷精准。

（二）线下实时跟进服务推荐就业。围绕基层党组织建设，组建“薪满艺足”志愿服务就业体系，依托县、镇、村三级劳务服务平台，针对“三类群体”劳动力未就业原因和就业意愿，发挥联络员、快递员、宣传员、引导员、服务员等的志愿服务作用，大力开展线下就业岗位信息推荐，促进劳动力转移就业。

五、多渠道强沟通，稳岗服务到位

（一）坚持问题导向，强化稳岗服务。重点聚焦“三类群体”未就业劳动力和“零就业”家庭就业问题，明确由 1 名帮扶干部和 1 个行业主管部门共同服务 1 个建档立卡劳动力，形成“2+1”跟踪服务搭档，有针对性地开展稳岗服务。

（二）精准动态监测，跟踪服务到位。针对未就业人员进行岗位推荐，对已就业人员进行精准动态监测，及时关注就业人员动态，对就业岗位不稳定的人员，及时

工作人员指导群众利用平台求职，享受“掌上劳务推荐”服务

采取措施解决稳岗困难和问题，确保跟踪服务稳岗到位。

（三）加大协调力度，落实稳岗责任。在挖掘县域行业岗位吸纳就业的同时，充分发挥企业管理职能，主动监测本行业“三类群体”就业动态，对就业岗位不稳定的人员，严格落实行业部门稳岗责任，采取措施促进其稳定就业。

六、因需因技促训，技能培训到位

（一）大力提升就业技能，促进稳岗就业。印发职业技能提升行动工作方案，由人力资源社会保障部门负责抓总，充分发挥工信、住建、交通、商贸物流、文旅等行业主管部门职能，牵头对多种行业从业人员开展技能提升培训。

（二）提高培训精准实用性，拓宽就业渠道。实行“职业技能培训＋行业技能提升培训”模式，根据培训意愿、需求与行业匹配程度，同步开展线上和线下技能培训。2020 年，累计开展全员培训 10 699 人次，其中，培训建档立卡劳动力和易地搬迁劳动力 8073 人次，开展电焊、手工艺、驾驶等“订单式”培训 638 人次，促进 5182 人实现稳定就业。

贵州省毕节市：

开发“十大员”岗位　运用市场手段管理

贵州省毕节市针对无法离乡、无业可扶、无力脱贫但有劳动能力和就业意愿的“三无两有”贫困劳动力情况，精准开发“十大员”就业扶贫公益专岗（以下简称“就业扶贫专岗”），用就业扶贫劳务公司进行科学管理，补齐脱贫攻坚短板，帮助农村特殊困难家庭实现收入达标，小岗位在脱贫攻坚中起到了大作用。

一、主要措施

（一）量身定制就业岗位。立足毕节实际，结合全市“三无两有”贫困劳动力特点和基层公共事业发展需要，毕节市政府办公室出台了《关于实施就业扶贫工作的指导意见》，把开发就业扶贫公益专岗安置“三无两有”贫困劳动力就业作为一项重要的举措。一是由教育部门负责牵头开发全市教育系统的食堂工人、宿管员、校园保安、保洁等“护校”岗位就业一批；二是由交通部门负责牵头开发全市乡村道路养护、农村“组组通”公路建设、高速路服务等“护路”岗位就业一批；三是由林业部门负责牵头开发生态护林员等“护林”岗位就业一批；四是由卫生健康部门负责牵头开发全市公共卫生服务系统护理、保洁、食堂服务、保安等“护医”岗位就业一批；五是由工信部门负责开发市内各类工业园区保安、保洁、绿化等“护厂”岗位就业一批；六是由水务部门负责牵头开发河道管护及保洁等“护河”岗位就业一批；七是由住建部门负责牵头开发城乡村寨环卫保洁、美丽乡村管护、乡村绿化等“护洁”岗位就业一批；八是由公安部门负责牵头开发村级警务助理、治安巡防、公安辅警、交通文明劝导员等“治安巡防”岗位就业一批；九是由民政部门负责牵头开发全市各级养老院、福利院、精神病医院的食堂工人、护理、保洁、保安等“养老护理”岗位就业一批；十是由人力资源社会保障、文广等部门负责牵头积极争取省级支持，通过统筹全市公益性岗位，开发村级文化志愿者、乡风文明倡导员、阳光看护员等岗位就业一批。在资金筹集方面，毕节市政府明确了由各级财政“出大头”，采取“向上级争取一点、财政预算补贴一点、公务经费挤出一点、用人单位解决一点、社会筹资一点”的方式筹集资金。2018 年以来，毕节市共新开发岗位 12.2 万个，其中 2020 年开发岗位 4.2 万个。

（二）精准高效组织招募。为全面理顺就业扶贫公益专岗管理的法律关系，避免由政府部门直接招募和管理造成维稳风险和遗留问题，毕节市政府明确规定各县（区）要成立国有独资的就业扶贫劳务公司，负责就业扶贫专岗的招募和管理。

一是招募信息全公开。各部门开发的岗位统一汇总到县（区）就业扶贫劳务公司，由就业扶贫劳务公司根据岗位需要和辖区“三无两有”贫困劳动力情况制定招募简章并公开发布。各乡镇对“三无两有”贫困劳动力进行再核查、再比对，核准信息后采取各种措施向符合条件的贫困劳动力精准推送岗位。通过村务公开栏、新时代农民（市民）讲习所、门户网站、微信公众号等渠道广泛发布信息，通过召开群众大会进行宣传，组织驻村干部、包村干部及劳动保障协管员进村入户推荐岗位等方式宣传动员，确保招募信息宣传无死角、全覆盖，确保每一个符合条件的在家贫困劳动力都知晓招募信息。

二是招募过程全公开。为确保招募过程公平公正，避免出现暗箱操作、优亲厚友等现象，毕节市政府制定了《毕节市就业扶贫公益专岗管理考核办法》，对招募过程进行了详细的指导。在完成宣传动员和组织报名后，首先通过召开群众大会进行集体评议，将评议出来的名单推荐给村（支）两委集中研究，研究通过的名单报乡镇就业扶贫劳务分公司复审，经复审合格的报县（区）扶贫部门核实身份，核实属于建档立卡贫困劳动力的，在网站、微信公众号、村务公开栏等平台上进行公示，经公示无异议的确定为招募对象。2018 年以来，已招募上岗 11.65 万人，其中 2020 年招募 4.2 万人。

（三）规范实施科学管理。招募上岗人员全部参照企业化模式，由县（区）就业扶贫劳务公司统一管理。

一是建立分级管理组织构架。在乡镇设立就业扶贫劳务分公司，借鉴塘约“村社一体”的模式组建村级就业扶贫劳务合作社。村级就业扶贫劳务合作社具体负责日常管理和考核；乡镇就业扶贫劳务分公司负责对考核结果进行初审后报县（区）就业扶贫劳务公司；县（区）就业扶贫劳务公司对考核结果复审后，按协议约定的标准，通过银行代发的方式，将岗位补贴按月或按季度发放至在岗人员银行卡。对于考核不合格或不符合政策需清退的，由县（区）就业扶贫劳务公司核准后按程序清退并通过其他渠道帮助实现再就业。

二是分类签订招募协议。根据工作量和工作性质的不同，就业扶贫专岗分为全日制岗位和非全日制岗位。要求每天工作时间达到 8 小时，月岗位补贴达到当地最低工资标准，能按要求缴纳社会保险的为全日制岗位，由县（区）就业扶贫劳务公司或设在乡镇的分公司签订劳动合同；每天工作时间低于 8 小时，月岗位补贴低于当地最低工资标准，不能按要求缴纳社会保险的岗位为非全日制岗位，由乡镇就业扶贫劳务分公司或村级就业扶贫劳务合作社签订劳务承包协议，有条件的县（区）可由财政出资购买一定数额的商业意外险。

三是先培训后上岗。所有拟招募上岗的贫困劳动力均需组织岗前培训后才能签约上岗。岗前培训主要内容为思想观念转变、工作必需的基本技能、安全教育、工作纪律等。岗前培训在县（区）就业扶贫劳务公司的统一指导下由乡镇就业扶贫劳务分公司负责组织实施。培训所需经费按贫困劳动力全员培训有关规定据实解决。

（四）全面强化暗访调度。毕节市政府对就业扶贫专岗工作进行常态化调度，将其列为“一把手”工程来抓，多次召开常务会议和专题会议听取工作推进情况汇报，要求县（区）政府（管委会）“一把手”亲自过问、亲自抓，确保落细落小落实。由

就业扶贫公益专岗签约现场会

市人力资源社会保障部门牵头，对各县（区）就业扶贫工作推进情况一周一调度，掌握工作进展，对存在的问题及时协调解决。组建了 5 个暗访小组，采取不发通知、不打招呼、不要陪同、不听汇报的方式直插基层一线，通过暗访的方式，进村入户核实工作推进情况，查找存在的问题。

二、初见成效

（一）体现了责任担当。作为典型的“吃饭财政”，毕节市各级财政经费都非常紧张，2020 年全市已招募上岗的就业扶贫公益专岗中，除了约 3.9 万名生态护林员的岗位补贴有中央和省级资金支持外，其余约 8.5 万人岗位补贴主要由市、县两级财政多方筹集资金解决，按平均每个岗位每月补贴 800 元计算，每年约需 8.1 亿元，压力很大。但毕节市千方百计克服困难，筹集资金用于开发“十大员”就业扶贫专岗，帮助“三无两有”劳动力通过就业实现增收，坚决贯彻落实“一个都不能少”的要求，全力补齐脱贫攻坚短板，充分体现了毕节市各级党委、政府坚决贯彻落实中央脱贫攻坚战略部署的责任意识与担当精神。

（二）加快了脱贫步伐。就业扶贫公益专岗招募的“三无两有”劳动力是脱贫攻坚中的特殊群体，是就业脱贫的短板之一。开发就业扶贫公益专岗，能够快速、稳定地安排他们就业，从而增加这部分贫困家庭的收入，为“一达标”提供硬支撑。截至2020年年底，已解决11.65万名贫困劳动力就业，预计可带动30万人实现收入达标。

（三）助推了乡村振兴。通过开发护路、护洁、治安巡防、生态护林等就业扶贫公益专岗，把贫困群众就业同改善农村人居环境结合起来，同参与乡村治理结合起来，同倡导乡村文明结合起来，极大地改变了部分农村贫困地区“垃圾靠风刮、污水靠蒸发”的现状。截至2020年年底，全市共招募4.45万名贫困劳动力作为乡村护洁员，实现村村全覆盖，推动实现了“乡风文明、治理有序、生活富裕”的目标。

（四）保护了生态环境。通过新招募3.9万名建档立卡贫困劳动力作为护林员、0.25万名建档立卡贫困劳动力作为护河员，护林员、护河员平均每人每年发放6000~10 000元补助，累计可帮助3.4万余户建档立卡贫困家庭实现收入达标，同时提升了森林管护和河道治理的成效，使乱砍滥伐、乱倒乱倾现象得到有效遏制，推动“河长制”向“河长治”转变，促进了“百姓富、生态美”目标的实现。

（五）改变了精神面貌。通过让贫困群众以劳动力入股劳务合作社的方式，实现了“劳动力资源变劳动资本、扶贫对象变管理者、被扶贫者变扶贫参与者”的转变；通过开发“十大员”就业扶贫公益专岗，组织贫困劳动力就地就业，改变了贫困群众过去“坐在墙角晒太阳，等着国家钱和粮”的“等、靠、要”思想，激发了他们脱贫致富的内生动力，有效破解了扶贫与扶志、扶智相结合的难题。

贵州省铜仁市思南县：

探三步五业　促稳定致富

——“五业联动”推动搬迁群众持续稳定增收创业

扶贫车间内易地扶贫搬迁劳动力工作中

贵州省铜仁市思南县按照摸底研判、定向培训、创业就业实践三个步骤，在易地扶贫搬迁安置点丽景社区创新推行行业、职业、就业、创业、产业“五业联动”模式，扎实推动“新市民·追梦桥”工程和五个体系建设，为搬迁群众搭建“致富桥”，做好易地扶贫搬迁“后半篇文章”，坚决按时打赢脱贫攻坚最后的歼灭战，全面实现搬迁群众从“搬得进”向“稳得住、快致富”转变。

一、对接行业需求，建立三本台账

全面开展搬迁群众信息排查，综合分析、研判就业意向、就业能力和县内外市场行业需求，为后期开展技能培训、推动就业创业等奠定坚实基础。

（一）紧盯技能人员、壮劳力人员、半劳动力三类人群，建好“信息账”。按照“摸清底数、区分类型、分类施策”的思路，采取逐户上门、面对面交流、线上互动的方式，摸排劳动力信息，摸清就业意愿、就业去向和需求，按照一户一档、一人一岗要求，建立4453个务工供给台账。

（二）紧盯残疾人家庭、半劳动力家庭和想干事能干事家庭三类家庭，建好扶持政策“动态账”。围绕就业、创业和产业三个类别，摸清易地搬迁安置点项目、资金、政策、人才、培训等方面可支持政策底数，为残疾人家庭、半劳动力家庭制定“一人一策”就业帮扶措施，按照一业一档、一类一档要求，对标30多项政策支持，建立“党建+搬迁户+扶持政策”动态监测台账。

（三）紧盯小微企业、园区企业和春晖企业三类企业，建好用工情况“数据账”。整合安置点就业创业服务中心、劳务合作社资源，依托省内外、东西部协作企事业单位、驻外办事处、驻外春晖联络处等平台，精准摸清用工信息，搭好就业桥梁，按照一企一档、一岗多人的要求，建立5000余个就业岗位供给台账。

二、提升职业技能，开展三类培训

围绕搬迁群众培训意向、岗位需求和企业用工需求，将理论培训、实操培训和心理健康培训贯穿就业创业全过程，补好“精神钙”，育强“新能手”。

（一）理论培训强素质。整合部门培训资源，建立与省内外用工企业沟通联系机制，力争提供更多就业岗位，有针对性地开展培训。将法律法规、劳动维权、职业道德、安全生产、消防安全、卫生安全等内容纳入理论培训授课范围，增强搬迁群众综合素质和内生动力，促进从农民向市民的转化。截至2020年年底，共开展综合素质等理论培训1800余人次。

（二）实操培训强技能。综合易地扶贫搬迁新市民就业意愿、培训意愿及用工需求，采取因人施培、因岗定培、因产速培等方式，“引进来”和“送出去”相结合，大力开展订单培训、岗前培训、在岗技能提升培训和以工代训。截至2020年年底，累计开展挖掘机驾驶、家政服务、育婴员、养老护理、混凝土工、电工维修、农艺工、家禽饲养工等技能技术培训30余期1500余人。

（三）健康培训强身心。针对搬迁群众就业前、就业中、就业后存在的心理忧虑、工作压力、环境不适应等问题，通过入户和集中授课方式，开展应急处理、健康大讲堂、职业卫生、职业道德、职业心理学等心理健康培训1200余人次。

社区组织易地扶贫搬迁劳动力开展缝纫工培训

社区组织召开劳务合作社工作推进会

三、拓宽就业渠道，组建三个机构

按照“人岗相适”与“人事相宜”原则，组建劳务合作社、驻外服务站、公益性岗位管理中心，强化支部堡垒作用，拓宽就业渠道，实现有劳动力家庭户均2人就业。

（一）组建劳务合作社。推行“民心党建＋劳务合作社＋搬迁群众”模式，按照“居社合一、合署办公”要求，采取社区“三委”与合作社交叉任职，将有劳动能力的搬迁群众全部纳入劳务合作社。构建“生产线＋专项招聘＋灵活就业”工作格局，建立4家扶贫车间。与企业和劳务公司建立就业协作联系机制，做好就业培训、推荐和后续跟踪服务，推荐稳定就业3825人。针对部分因照顾家人无法外出务工或到附近企业就业的特殊困难人群，将适合在家加工的初级产品“送岗上门”，大力发展“居家就业”，惠及26名搬迁群众实现长期增收。

（二）组建驻外服务站。在用人单位较多的企业、城市设立服务站，建立联络服务机制，协助对接就业资源、提供后勤保障服务，选派服务能力强、有感召力的劳务合作社社员驻点管理，“零距离”服务就业搬迁群众。截至2020年年底，贵阳服务站已推出300个就业岗位，推荐搬迁群众就业72人。

（三）组建公益性岗位管理中心。整合部门项目、就业援助政策和东西部协作资源，针对年龄偏大、家庭压力大、残疾人等弱劳动力，开发公益性岗位和就业援助岗位。通过劳动保障协管、园林绿化、治安巡防、物业协管等公益性岗位安置就业25人，开发组长、楼栋长和就业信息员、联防队员、楼栋保洁员“2+3”就业援助岗位，解决就业155人。

四、强化创业扶持，提供三种服务

提供政策咨询、场所、资金和政策扶持等一站式、保姆式创业服务，帮助搬迁群众实现自主创业。

（一）提供创业咨询服务。结合社区地理位置和社区群众需求，为搬迁群众提供创业咨询，协助制定创业项目，引导90户搬迁群众在社区创办小超市、小药店、小餐店、小菜摊、小电商等。

（二）提供创业场所服务。根据每户搬迁群众创业愿望，采取统一设计样式、统一租金价格、统一租赁年限、统一商铺面积等方式，坚持低价租赁和三年不涨租金原则，帮助 67 人创业。同时，积极依托春晖人才创业示范基地、青春梦工厂、创业孵化基地支持搬迁群众创业。

（三）提供创业资金政策服务。在社区建“新市民”金融扶贫站，提供创业扶持贷款，为 8 户搬迁群众解决创业资金不足问题，涉及金额 90 万元。充分利用县人力资源社会保障部门的创业扶持政策，设工会创业园、爱心超市、爱心药店、爱心义剪室、儿童爱心娱乐城，通过县妇联“微爱进行时”、团县委“青扶贷”等政策为搬迁群众提供创业资金扶持 60 万元。

五、振兴产业发展，发展三大经济

对照贵州农村产业革命“八要素”补短板、强弱项，用好项目资金和政策支持，做大做强富民集体产业，发展飞地经济、“菜篮子”经济和便民服务经济，健全利益联结机制，带动搬迁群众持续稳定增收。

（一）发展飞地经济。争取项目资金 175 万元、东西部扶贫协作资金 25 万元，创办工会创业园，健全“316”利益联结机制，发展油牡丹产业 250 亩，带动就业 200 余人次。

（二）发展“菜篮子”经济。争取有研科技集团有限公司扶贫项目资金 40 万元，按照方便社区居民、功能分区齐全、配套设施完善、管理规范有序的要求，建立 2000 平方米便民农贸市场，规划 90 个摊位和 13 个门面，鼓励 50 余名不能外出务工的搬迁群众通过做“菜农生意”实现就业。

（三）发展便民服务经济。通过招商引资，按照社区出人出地、企业老板出设备、利润均分方式，线上线下相结合，建立社区自助洗车基地和充电场，采取“合作社 + 公司 + 工会驿站 + 搬迁群众”的运行模式提供就地就近就业岗位，既让群众得到了实惠，又增加了集体经济收入。

贵州省遵义市习水县：
实施“54321”工程　全力助推稳岗就业

贵州省遵义市习水县探索实施“54321”工程，保障了易地搬迁户、建档立卡户、边缘户、返乡回流户等重点群体充分就业，保居民就业取得了实实在在的成效。

一、聚力“五大路径”，增加就业岗位

（一）产业增岗拓宽就业。依托优势产业，结合企业用工需求，在食品加工、白酒生产、城镇建设、旅游服务等方面增加就业岗位，县内企业、个体工商户、农民专业合作社等三类市场主体增加就业岗位16.1万个。

习水县农民工服务站成立暨劳务输出集中出发仪式

（二）劳务输出转移就业。主动对接东西部扶贫协作城市用工企业，有组织地定向输出转移一批农民工。2020

年，统一组织专车运送 118 车次，点对点输出 3537 人，有组织输送就业 7.4 万人，全县外出务工劳动力总规模 14.1 万人。

（三）稳企稳岗巩固就业。对县内规模工业、服务业实行县级干部援企稳岗联系制度，全县减免 1038 家企业社保费 1 575.37 万元，实现县内稳岗就业 5.5 万人，县外稳岗就业 14.1 万人，二次转岗就业 1385 人。

（四）政策支持创业就业。出台金融保障政策，发放创业担保贷款 1136 万元，兑现创业贷款贴息 297.7 万元，有力推动 1300 余人实现自主创业，带动 1500 余人实现就业。同时把“地摊经济”作为增加就业岗位、拓宽就业渠道的新途径，设立摊位 465 个，带动就业 1200 余人。

（五）开发特岗兜底就业。用好扶贫岗位开发政策，加大公益性岗位开发力度，开发公益类岗位 1032 个、扶贫专岗 560 个、残疾人就业岗位 763 个，实现不能离家的易地搬迁户、低收入边缘户、零就业贫困户家庭等群体就业 460 人。

二、突出“四个精准”，保障重点人群

（一）精准落实易地扶贫搬迁户就业。对辖区内易地扶贫搬迁安置点家庭进行普查，精准掌握劳动力人口、就业需求信息，通过在易地安置区建设扶贫产业园安置就业，2020 年，全县易地扶贫搬迁劳动力 1.4 万余人，户均就业 2.02 人，实现有劳动力易地搬迁户家庭“零就业”清零。

（二）精准落实建档立卡户就业。2020 年，全县建档立卡户贫困劳动力 7.56 万人，已

建设扶贫产业园安置就业

就业 6.15 万人，就业率比 2019 年提高 10%，实现有劳动力贫困户家庭“零就业”清零。

（三）精准落实边缘户就业。2020 年，全县边缘户劳动力 554 人，已就业 456 人，实现边缘户有劳动力家庭“零就业”清零。

（四）精准落实返乡回流人员就业。针对 2020 年受新冠肺炎疫情影响企业减员造成二次返乡人员，摸清其专业特长和就业意愿，建好返乡人员就业需求台账，有针对性地做好就业服务。

三、确保“三个到位”，落实工作措施

（一）确保调度到位。县就业工作领导小组专题研究部署稳岗扩岗、脱贫攻坚“十项巩固提升行动”等工作，组织现场办公、现场调度，解决政策保障、劳务输出等难题。

（二）确保扶持到位。发挥县外出务工就业服务中心职能，加大就业扶持力度，全方位、多渠道拓宽就业范围。

（三）确保责任到位。制定劳务就业工作考核细则并纳入县委、县政府督查和年终考核。2020 年开展督查 7 次，下发通报 9 期，包组、包户干部开展走访 3000 余批次，引导就业 6000 余人。

四、构建“两个体系”，提高服务保障

（一）抓好劳动力组织化体系建设。构建县级“党工委 +”、镇级“服务中心 +”、村级“工作站 +”的县、乡、村三级就业工作组织体系，形成就业工作保障网。

（二）抓好就业服务体系建设。成立和引进 11 家劳务服务公司，通过政府购买服务等方式，开展有组织输送等服务。

五、实现“一个目标”，促进就业增收

通过“五大路径、四个精准、三个到位、两个体系”工作举措，全县劳动人口 36 万余人中已有 30 余万人实现就业，人均年收入 2.5 余万元，极大地巩固了脱贫成效，并努力实现全县有条件劳动力人人就业的目标。

云南省丽江市宁蒗彝族自治县：

就业扶贫出实招　稳定脱贫见成效

云南省丽江市宁蒗彝族自治县（以下简称“宁蒗县”）紧紧围绕“输得出、稳得住、能致富”三大目标，坚持“输异地、稳就地、拓创业”策略部署，创新工作举措，把农村劳动力转移就业作为增加农民收入、实现精准脱贫的重大民生工程，狠抓落实。

一、“输得出”

在“输异地”的工作举措上，坚持“对象精准、灵活多样、立足市场”原则，把技能培训作为推动农村劳动力异地转移就业的有效抓手，着重开展针对性、实用性强的项目培训，积极拓宽培训渠道，丰富培训内容，探索建立校企深度合作培训机制，努力促进农村劳动力就业由体力型向技能型转变，切实提升转移质量。

（一）开展实用技术培训。紧紧围绕城市建设、企业用工、基础设施建设等，以劳动力市场需求为导向，开展有针对性的职业技能培训，切实提升就业能力。

（二）开展订单定向培训。与上海市、深圳市劳务中介组织及用工企业对接，采取“培训＋就业”的合作模式，做到“培训一人就业一人”，实现了“订单式培养，入校即入企，毕业即就业”的目标。

（三）开展创业培训。强化创业培训与创业担保贷款、税费减免等扶持政策与创业咨询服务手段的衔接，对有创业意愿并具备一定创业条件的扶贫对象开展免费创业培训，给予创业担保贷款全额贴息扶持，鼓励其自主创业，带动就业。

（四）实施“两后生”职业培训。先后组织三批共 300 名“两后生”赴上海进行培训并对口推荐就业，449 名“两后生”到云南技师学院丽江分院就读，通过与保利物业集团合作培训 23 名建档立卡户“两后生”就业。

截至 2020 年年底，累计开展建档立卡贫困劳动力培训 4.9 万人次，实现了对有培训意愿建档立卡贫困劳动力培训全覆盖，培训涉及汽车、家电维修，中成药种植与初加工，卫生保洁等行业。

二、“稳得住”

（一）在“稳就业”的工作举措上，坚持“多种渠道发力，扩大就近就地转移就业规模”的原则，通过开发乡村公岗就业一批、认定扶贫车间吸纳一批、发展高原特色产业带动一批的方式广开转移就业渠道，稳定劳动力就近就地转移。

一是加大乡村公岗开发力度。结合乡村人居环境提升、乡村道路交通维护、生态环境保护等工作要求，针对无法离乡、无业可扶、无力脱贫的“三无”人员和乡村“4050”人群开发一批乡村公岗，最大限度地实现贫困劳动力就近就地转移工作目标。

二是加强扶贫车间认定。经过实地考察，认定宁蒗县金开生物有限公司、宁蒗县大兴镇春森源购物广场、宁蒗恒泰农业发展有限公司、丽江百紫甸花卉种植有限公司、宁蒗同心烟草合作社、宁蒗文智现代农业开发有限公司、宁蒗县佳禾种子有限公司 7 家企业为县就业扶贫车间，共吸纳 335 名脱贫劳动力稳定就业。

三是依托“大民生、小工程”项目，实施就地就近转移。依托富民安居、基础设施建设等项目，挖掘、收集一批适合贫困人员就近就地就业的岗位，积极引导农村富余劳动力快速实现就地就近就业。

截至 2020 年年底，宁蒗县共开发乡村公益性岗位 8777 人（其中乡村公益性岗位 2687 人，生态护林员岗位 4450 人，光伏项目安置公益性岗位 1640 人）。

（二）在“拓创业”的工作举措上，坚持“鼓励自主创业带动就业”原则，认真落实“贷免扶补”和小额担保贷款政策，鼓励自主创业。推动宁蒗县“打工经济”向“创业经济”转变，稳健提升转移层次。

一是给予贷款贴息扶持。对有创业意愿并具备一定创业条件的，给予 3 年期、最高不超过 15 万元的“贷免扶补”创业担保贷款扶持，并给予贴息。截至 2020 年年底，全县累计发放“贷免扶补”及小额担保贷款 5260 笔共 5.9 亿元，扶持创业 5260 人，带动就业 1 万余人。

二是严格落实退役军人和残疾人等群体就业政策。全县退役军人就业 669 人，残疾人群体就业 607 人，扶持残疾人创业 5 户，投入扶持资金 9 万元。

三是扶持小微企业稳定就业。累计扶持劳动密集型企业创业 11 户，发放贷款 2341 万元，带动就业 385 人，发放 32 家企业 1510 人援企稳岗补贴 141 万元。

截至 2020 年年底，全县转移就业农村劳动人口 8.3 万人，转移就业率达到 59%，其中建档立卡贫困劳动力就业 3.26 万人，转移就业率 68%，建档立卡户均务工达到 1.7 人。

（三）为使劳动力“稳得住”，在强化工作体系，提升服务水平上下狠功夫。坚持本地服务与异地服务相结合，积极完善基层劳动保障平台建设，增加软硬件投入，为转移劳动力排忧解难。

一是沟通协调和跟踪服务相结合。县、乡（镇）、村（社区）充分做好规模性转移前后的沟通协调和服务工作，做到输出前岗位有对接、输出途中有人护送、输出后有人跟踪服务。

二是实现县、乡、村三级信息互通共享。发挥党建综合平台信息发布主渠道作用，及时把职业培训、劳动维权等相关政策和用工需求信息传递到农村千家万户。全县劳务经纪人覆盖 91 个村委会。

三是加强与驻外劳务工作站的联系。建立驻外劳务机构 6 个、县内劳务服务站 18 个。积极加强与县外设立的劳动力转移办事机构和劳务工作站的联系，为在县外务工的宁蒗籍人员提供各种服务。

四是切实保障农民工薪酬权益。把规范和完善农民工工资支付长效机制作为保障其致富增收的抓手，抓紧抓好，切实保护好他们的利益。2020 年共清欠农民工工资 1180 万元。

三、“能致富”

为保证农村贫困劳动力“能致富”，在落实就业政策，提升转移层次上下狠功夫。

（一）落实外出务工人员奖补政策。整合就业补助资金、沪滇劳务协作资金，扶持中介机构，激励劳动力积极参加技能培训和稳定就业。对稳定就业 3 个月以上的建档立卡贫困劳动力，按省外每人 1000 元、县外省内每人 500 元的标准给予外出务工奖补。人力资源服务机构、农村劳务经纪人有序组织转移贫困劳动力的，按省外转移每人 300 元、县外转移每人 200 元的标准给予就业创业服务补贴。截至 2020 年年底，共支付贫困劳动力外出务工奖补资金 5700 人 527.9 万元。

（二）落实优惠政策。加强“自强诚信感恩”教育，激发劳动力内生动力，开发政府性公益岗位安置就业 146 人。

（三）建设云岭电商创业示范村。支持农村网上创业，加强创业服务，扶持新营盘乡药草坪村委会为云岭电商创业示范村，以“2700 苹果”为标杆，为工业品下乡、农产品上行打通渠道。

（四）建设“泸沽湖返乡农民工创业园”及“宁蒗县农业创业示范园区”。在永宁镇建设“泸沽湖返乡农民工创业园”，激发全县返乡农民工创业热情，辐射带动全县返乡农民工 412 人创业就业，为“最美彝乡”建设注入新活力。在新营盘乡毛菇坪村委会建设“宁蒗县农业创业示范园区”，通过“创业园＋合作社＋公司＋基地＋贫困户”产业化发展模式，创建以高原特色水果种植、生产、冷链物流和包装销售为主导，结合乡村振兴及生态农旅发展第三产业的农业创业示范园区，园区总面积 9200 亩，入驻孵化全县 59 家企业。

云南省保山市施甸县：“六个抓手”推进就业扶贫

云南省保山市施甸县围绕“两不愁、三保障”总体目标要求，以统筹提升就业培训质量、提高农村劳动力转移就业水平为重点，用好“六个抓手”，推进就业扶贫工作，确保贫困劳动力信息“应清尽清”、工作台账“应建尽建”、就业培训“应培尽培”、转移就业“应转尽转”、扶贫政策“应享尽享”、问题整改“应改尽改”，实现“培训一人、就业一人、帮扶一户、脱贫一户”的就业扶贫目标，助推施甸高质量脱贫摘帽。

一、抓基础：扎实推进建档立卡贫困人员信息“应清尽清”

施甸县突出精准管理，建立就业扶贫工作“1+N+N”责任体系，成立就业扶贫指挥部、稳就业指挥部，组建人力资源社会保障工作专班，建立县、乡、村、组联动机制，统筹运用乡村干部、驻村工作队员、大学生村官和“挂包帮、转走访”人员等工作力量，采取“逐户走访、逐人核查”的方式，开展贫困劳动力“全覆盖”信息调查、采集工作，对贫困劳动力进行“五清”（人员信息清、务工企业清、务工地点清、联系方式清、务工收入清）摸底排查，做到乡不漏村、村不漏户、户不漏人、人不漏项。对全县贫困劳动力资源总量、转移就业情况、就业培训情况和就业扶贫需求情况等进行排查、核实，加强信息数据管理，做好人力资源社会保障与扶贫信息系统数据的筛查、比对、核准工作，为推进就业扶贫精细化、数据化管理奠定坚实基础。截至2020年年底，全县共有农村劳动力199 034人，其中建档立卡贫困劳动力56 093人，共采集录入贫困劳动力信息56 093人（条），与国务院办公厅扶贫信息系统数据精准一致。

二、抓规范：稳步推进就业扶贫工作台账“应建尽建”

施甸县突出台账管理，建立“就业扶贫工作台账”，规范转移劳动力、贫困劳动力、就业培训人员、公益性岗位安置人员、乡村公共服务岗位、务工补贴、自主创业人员、扶贫车间（工厂）等“10册30项”台账。县、乡人力资源社会保障干部实行“责任包保、深入乡村、全程参与、确保质量”，对全县各乡村进行“全覆盖”就业扶贫业务指导，统一、规范建立县、乡、村三级就业扶贫工作台账，完善痕迹档案资料。建立劳动力资源信息库、劳动力转移就业信息库、劳动力就业培训信息库和实名制登记台账，乡镇负责动态录入“农村劳动力转移就业信息平台”，精准全县就业扶贫工作对象。县人力资源和社会保障局建立了“一库十册”的农村劳动力转移就业总台账，农业、扶贫、教育、工信、工青妇等部门分别建立县级分台账，13个乡（镇）、138个村（社区）分别建立“一库十册”“一库八册”的就业扶贫台账，实现就业扶贫信息数据资料动态共享，做到底数清、情况明、动态准。

三、抓提升：加快推进建档立卡贫困人员技能“应培尽培”

施甸县突出素质提升，按照“统筹规划、整合资源、贴近市场、突出实效”的原则，坚持“扶贫必扶智”“学技能、促就业、助脱贫”，全面统筹谋划，有效整合资源，建立健全就业培训监督管理机制。根据贫困劳动力的就业需求、区域产业发展需求及用人单位用工需求，制订培训计划，实施精准培训；依托技工院校、职业学校、社会化培训机构等职业培训资源，实行“培训＋就业”模式，开展“订单式”培训、“预备式”培训、“点餐式”培训；分期、分类组织实施贫困劳动力引导性培训、职业技能培训、专项职业能力培训等就业培训，重点开展餐饮、建筑、家政服务、电工、电焊工等专业技能培训，增强就业培训的针对性、实用性、灵活性，持续提升贫困劳动力的技能水平和就业本领，做到"有意愿的贫困劳动力 100% 参加就业培训""培训一人、就业一人"，助推贫困劳动力高质量就业，持续增加务工收入，助力贫困户稳定脱贫，实现了施甸县何元乡大寨门村蒋应成从建档立卡贫困户到世界技能大赛冠军的成功蜕变。截至 2020 年，全县共开展农村劳动力就业培训 193 501 人次，其中建档立卡贫困劳动力 62 732 人次。

开展就业培训

四、抓统筹：全力推进建档立卡贫困劳动力"应转尽转"

施甸县突出精准就业，坚持走"产业带动、城镇化推动、就地就近转移、工业园区吸纳和劳务输出"路子，以实施沪滇劳务协作项目为依托，护航"六稳""六保"，实行"线上线下"双循环稳就业。积极开展"战疫稳就业"行动，与福建省福州市、泉州市等6地人力资源社会保障部门签订了人力资源交流合作协议，实现"家到厂""点对点"就业"直通车"服务；全面开展招聘信息发布，现场招聘会、返乡农民工座谈会、进村入户宣传推介、劳务经纪人帮带、政策激励、权益保障等工作，引导、帮助贫困劳动力多渠道转移就业。全县共开发、安置乡村公共服务岗位人员3412人；在易地扶贫搬迁安置点建成就业创业服务站8个，建设、认定沪滇劳务协作就业扶贫车间11个、农民合作社1个，累计吸纳908人就近就地就业；引进大表哥人力资源服务（云南）有限责任公司开展贫困劳动力转移就业工作，协调保施高速建设项目及保山昆钢嘉华水泥建材有限公司等66家企业开发岗位8436个，招录电焊工、管道工、装配工等，确保有就业意愿的贫困劳动力100%就业。2020年全县共组织农村劳动力转移就业141 185人，其中贫困劳动力转移就业37 466人，做到"一个超过、两个不少于"，确保贫困劳动力转移就业的持续化、常态化和高效化。转移就业已成为施甸贫困户增收致富最直接、最快速、最稳定、最有效的途径。

五、抓落实：积极推进就业扶贫政策"应享尽享"

施甸县突出政策扶持，编制《就业扶贫政策汇编》，规范人力资源社会保障扶贫工作流程，为贫困劳动者提供推荐就业、就业培训、政策激励、权益维护等"全覆盖""一条龙"服务。认真落实就业扶贫政策、沪滇劳务协作政策及"六稳""六保"要求，按照"分期分批、应知尽知、应补尽补"原则，持续抓实、抓牢就业扶贫政策措施落实，印发《致施甸县农村劳动力转移就业人员的公开信》《施甸县人社扶贫政策宣传》及各类宣传资料10余万份，简化申报材料及流程，及时收集、审核申请补贴人员材料，对符合条件的贫困劳动力给予技能培训补贴、外出务工奖补、乡村公共服务岗位补贴及创业担保贷款扶持，特别是对扶贫车间吸纳稳定就业的贫困劳动力给予每人每天20元的稳岗奖补，确保补贴政策及时、精准兑付到位，进一步发挥就业扶贫政策对贫困劳动力转移就业的激励、推动作用。脱贫攻坚期间，共发放"贷免扶补"、创业担保贷款9040人（户）次、9.996 4亿元；发放就业扶贫帮扶资金3 932.373 2万元，其中，乡村公共服务岗位补贴3412人1 906.59万元，一次性生活补贴和交通费补助2927人367.513 2万元，技能培训补贴19 541人次1601万元，稳岗专项奖补资金36万元，扶贫车间吸纳贫困劳动力稳岗奖补182人17.67万元，就业扶贫车间用工补贴3.6万元。

六、抓整改：按时推进督导交办问题“应改尽改”

施甸县突出高位推动，坚持问题导向，压实县乡工作责任，持续开展脱贫攻坚问题排查整改，聚焦省、市、县巡视巡察及督导发现问题以及2018年以来挂牌督战发现问题的整改，及时开展自检自查和专项检查工作，对就业培训针对性不强、转移就业组织化程度不高、扶贫车间作用发挥不明显等问题，逐一进行剖析，找准问题的原因和根源，举一反三、标本兼治，逐项补短板，从严从实从细抓落实、整改销号。通过统筹部门工作力量，明确就业扶贫时间表、路线图、任务书，加强资金保障，完善痕迹资料，加快扶贫车间运行等方式，将各级巡视巡察中发现的问题及排查的短板问题全部整改落实到位，共涉及整改问题10个，其中，省级扶贫开发成效考核及巡视巡察发现问题3个、市级脱贫攻坚检查发现问题5个、县级举一反三发现问题2个。截至2020年年底，已完成问题整改10个，整改率100%，推动全县就业扶贫工作规范化、系统化、高效化开展，促进农村劳动力特别是建档立卡贫困户劳动力就业增收脱贫，确保就业扶贫工作目标顺利实现，助推施甸高质量脱贫摘帽。

西藏自治区山南市：

坚持“五个打造” 助推就业扶贫

西藏自治区山南市紧紧围绕新冠肺炎疫情防控工作大局，以巩固提升为出发点和落脚点，坚持“就业一人、脱贫一户”工作方法，通过技能培训、岗位开发、就业服务等措施，进一步提升贫困户劳动力稳定脱贫的素质和能力，全力助推脱贫攻坚。2016 年以来，全市累计实现建档立卡贫困户转移就业 38 168 人次，创收 1.82 亿元。

一、打造“高质培训”，促进劳动力素质稳步提升

以建档立卡贫困户劳动力为重点，在组织实施好“送培入村”等技能培训模式的同时，积极开展产业对接、项目对接、市场对接、企业对接，按照市场用工需求，采取先定岗后培训的方式，将产业订单式、岗位定向式、以工代训式培训作为技能培训的重要突破口，强化实际操作技能训练和劳动者素质培养，促进培训后就业增收。2016 年以来，累计培训建档立卡贫困户 15 576 人次，培训后实现就业 9597 人。

二、打造“民工联队”，促进劳动力有序转移就业

按照就近就地就业基本原则，围绕联户增收、亲友帮带、邻里互助，充分发挥

基层劳动就业社会保障服务平台的积极作用，全面推广农民工（务工）联队建设，不断激发联户长、带头人、农牧民施工队的组织带动作用，通过互帮、互带、互助“三互”工作方式，深化“团队作战”“团体转移”意识，以村、组、联户为单位，明确县（区）分管县（区）长为农民工（务工）联队队长，组建农民工（务工）联队 432 个，带动农牧民转移就业 2.7 万人，其中建档立卡贫困户劳动力 1636 人。

三、打造“劳务品牌”，促进劳动力规模转移就业

以“劳务品牌”建设为抓手，建成以乃东民族哔叽编制、措美县黑青稞糌粑加工等为代表的 12 个县区“劳务品牌”，吸纳和带动当地劳动者转移就业致富。发挥拉林铁路、加查水电站、卓于水库重大工程项目建设吸纳、拉动就业的积极作用，促进农牧区富余劳动力就近就地转移就业。通过打造“劳务品牌”实现贫困户劳动力转移就业 10 248 人，创收 3450 万元。

打造“劳务品牌”

四、打造“优质服务”，促进劳动力质量转移就业

实施城乡均等的公共就业服务，围绕建档立卡贫困户，严格落实转移就业实名制信息录入工作，不断加强劳动力就业实名制服务管理。充分发挥人力资源市场作用，广泛利用专场招聘会、人力资源洽谈会等形式开发适合贫困户劳动力就业岗位。建成 105 个“一站式”劳动就业社会保障平台，配齐配强工作人员 261 人，其中专职 106 人、兼职 155 人，有序开展职业指导、职业介绍、岗位开发、劳动维权等帮扶工作，最大限度发挥基层平台在脱贫工作中的积极作用。审批成立劳务派遣公司 8 家、人力资源服务公司 5 家、就业服务公司 4 家，挂牌认定 110 家转移就业基地，其中自治区级 7 家、市级 30 家、县（区）级 73 家，不断推动劳动力转移就业市场化发展，促进劳动力组织化、规模化转移就业，截至 2020 年年底，通过转移就业基地带动 17 763 人就业，实现创收 1.89 亿元。

五、打造“援企稳岗”，促进劳动关系和谐稳定

从保障社会局势稳定和企业职工合法权益工作大局出发，切实加大释放政策红利力度，坚持足额兑现、及时拨付，2020 年为 7 家企业兑现稳岗补贴 52.97 万元。为进一步减轻企业在新冠肺炎疫情期间的负担，为 11 家企业兑现工业奖补资金 81.79 万元；严格落实失业保险减免政策，为 500 家用人单位减免失业保险金 135.34 万元。充分发挥失业保险金对失业人员的兜底保障作用，按照自主申请、限期审理、及时兑现的工作原则，为 11 名失业人员累计发放失业补助金 62 744 元，为新冠肺炎疫情期间符合条件的 33 名失业人员累计发放失业补助金 78 408 元。

陕西省延安市宝塔区：“一岗双助”助推脱贫攻坚

陕西省延安市宝塔区委、区政府牢记习近平总书记的殷切嘱托，针对贫困户和移民搬迁困难家庭就业难问题，果断决策，大胆尝试，决定实施“一岗双助”惠民工程，以政府出资购买公共服务的方式，通过集中开发公益性岗位，从城市零就业家庭和农村贫困劳动力中选聘工作人员，进行社区村组孤寡老人、无人照顾残疾人等困难群体的居家养老服务，从根本上解决孤寡、空巢、残疾人等困难群体的生活问题，一体化解决困难群体的就业和居家服务问题，实现了公共服务和民生保障效益的最大化。

五年来，“一岗双助”取得了显著成效，累计开发工作岗位 242 个，照顾服务对象 1280 人，不仅解决了两个或多个困难家庭的生活难题，而且推动形成了“关爱弱势群体、温暖特困家庭、扶助贫困人员、阳光普照民心”的社会新风尚。

一、加强顶层设计，推进双助落地见效

出台了《关于推行社区居家养老服务工作意见》《宝塔区社区居家养老服务“一岗双助”工作实施方案》，“一岗双助”制度机制基本形成。积极推行“订单式”工

作模式，"比例化"配置，"精细化"服务，对有一定生活能力的困难人员提供保洁、代购、送餐等基本生活服务，对缺乏生活能力的困难人员在一般性服务的基础上，提供日间上门服务、就医陪护和情绪疏导服务。在具体工作中，由街道、社区根据实际情况，不断丰富和优化"一岗双助"服务方式和服务内容。

宝塔山街道办事处与延安市司法局、延安市博爱医院、延安市妇女儿童培训中心等单位签订合作协议，对通过初试的服务人员，从职业道德、护理基础与技能操作应急抢救和法律常识等方面进行培训。南市街道杜甫川社区与社区卫生服务中心签订长期合作协议，为"一岗双助"服务对象建立健康档案，并针对服务对象需求提供上门服务。此外，所有街道办事处和社区对山上居住的贫困对象实施"保姆式"服务，固定帮扶单位和帮扶人员，定期"送温暖"，让困难家庭有温度、有尊严。

坚持"上下一体、双重管理"原则，街道办事处建立"日签到、周汇报、月总结"机制，落实日访、周访、差评访"三回访"制度。人力资源社会保障部门落实"巡查＋动态调整"制度，对服务人员进行"一月一评议、季度一小结、半年一检查、全年一考核"，层层压实责任，做到了对标对人对事。

将"一岗双助"工作向乡镇延伸扩面，以农村"幸福互助院"为平台，以"五保户"和残疾人员及特困户为服务对象，以乡镇建档立卡贫困劳动力为服务人员，为 206 个"幸福互助院"的保障对象提供日间照料服务。截至 2020 年年底，"一岗双助"已实现全区 13 个乡镇、5 个街道全覆盖，现有服务对象 1164 人，服务人员 194 人。

二、双助的温度

宝塔山街道办事处东风社区居民高位截瘫的刘明忠已 57 岁，生活曾陷入极端困境。多年来，刘明忠一直由父母照料，随着双亲的相继离世，一日三餐、日常起居都成了大难题，就在他几乎丧失生存勇气的时候，工作人员找到了他："我们为您找到一位邻居来照顾您，工资由我们付，您同意吗？""同意！世上还有这么好的事？"刘明忠不敢相信自己的耳朵。负责照顾刘明忠的是家住附近的王建平，他也是一个贫困户，妻子因患白血病去世后留下两个年幼的孩子，为了照顾孩子，刘建平没法找到一份像样的工作，只能靠打短工的微薄收入勉强度日。

2014 年，王建平的儿子考入河北工程大学，这本该是件大喜事，但他却愁得嘴上长了一圈火疱，学费问题像大山一样压得他喘不过气来。就在他一筹莫展之际，政府帮助他成为一名“一岗双助”服务人员。拿到第一个月的工资时，王建平激动得热泪盈眶。

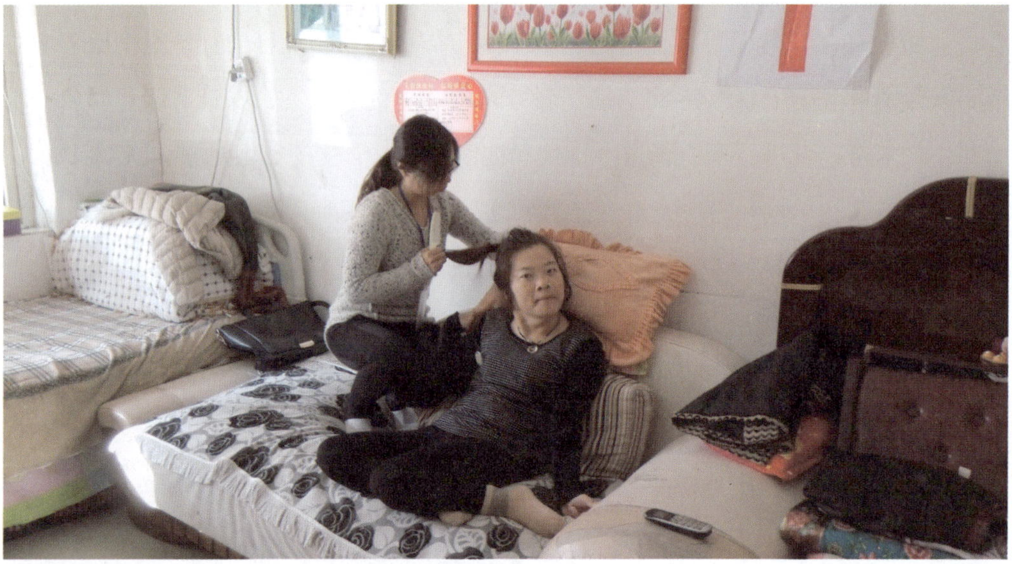

慧泽社区服务人员刘海瑛为服务对象任雪梅梳头

向阳社区服务人员李金萍照料服务对象安治忠

三、双助的社会反响

"一岗双助"工作赢得了社会的广泛参与和支持，得到了广大群众的认可和赞许，取得了有益的经验，探索出了居家养老新模式，拓展了精准扶贫新渠道，搭建了就业援助新平台。

陕西省汉中市勉县：

加强劳务协作　助力就业扶贫

陕西省汉中市勉县坚持把促进就业作为最直接、最有效的增收方式，不断深入与江苏省南通市海门区的劳务协作，促就业助脱贫工作取得明显成效。2020年面对新冠肺炎疫情，两地进一步加大有组织劳务输出，采取“点对点、一站式”方式专车专列专机免费护送农民工返岗复工，受到中央电视台、人民日报、新华社、陕西日报等媒体的广泛关注。2020年全年农村劳动力转移就业8.9万人，其中贫困劳动力2.68万人，赴江苏务工1.8万人，其中贫困劳动力4200人。

一、深化劳务协作，加大有组织劳务输出稳定转移就业

一是两地人力资源社会保障部门相继签订订单式就业培训合作、劳动力资源互补合作协议，10个镇（办）分别建立结对帮扶关系，实现常态化对接。

二是勉县职业教育中心与江苏省海门中等专业学校携手举办“勉县班”，140名学员毕业后直接赴江苏务工。

三是持续加大有组织转移就业力度，两地摸排建立“就业创业意愿和企业用工需求”两本台账，勉县针对性地制定促进返岗复工10条措施和加强有组织劳务输出

苏陕协作订单式就业培训在勉县签约

7 条举措。海门区提供转移就业奖金和务工生活补贴，开发微信“招聘求职小程序”，举办“春风行动”线上招聘，建立健康状况互认机制，组织免费乘车，安排专人护送接站，医护人员全程陪同，无偿提供食品、口罩和交通意外险、新冠身故险，实施“出家门、上车门、进厂门”全流程服务和风险管控，累计专车专列专机“点对点”向江苏等地护送 28 批次 4785 名农民工安全返岗复工。

“感谢老家人力资源和社会保障局领导为我们的工作操心，现在的企业和岗位我都很满意，生产稳定了，工资更高了，条件也更好了。”2020 年 3 月乘坐专列赴江苏务工的勉县金泉镇张建忠说出了心里话。为应对新冠肺炎疫情和中美贸易摩擦等宏观经济形势变化带来的影响，两地人力资源社会保障部门提前预判，建立转移就业后续服务协调机制，向外出务工人员发布服务热线，根据意愿“点对点”推介岗位，承诺“提供合适岗位直到满意为止”，合力打消务工人员对工作环境、劳动保障、工资待遇等方面的顾虑，确保务工人员“出得去、留得住”。

二、依托苏陕项目，建设社区工厂（车间）增加就近就业

针对无法外出务工，特别是受新冠肺炎疫情影响失去岗位困在家中的农村劳动

力，通过苏陕协作项目增加岗位供给，优先安排贫困劳动力和受新冠肺炎疫情影响失业人员就近就业。

（一）积极引进海门等地优质企业和项目。实施苏陕协作扶贫项目 71 个，招引海门扶贫企业 10 个，实际投资 1.24 亿元，吸纳就业 7140 人，其中贫困劳动力 1589 人。

（二）吸引勉县籍在外务工人员回乡创办扶贫车间。已创办电子元件生产和服饰加工扶贫车间 9 个，招录员工 483 人，其中贫困户 146 人，人均月增收 2500 元以上。

（三）加大扶持力度，帮助本地扶贫车间赴江苏开拓市场。勉县翰腾电子厂已与江苏铁锚电动工具有限公司等 3 家企业达成供销意向，制定了鼓励县域经济实体吸纳贫困劳动力的 5 条措施，落实社保稳岗援企政策，开展以工代训、线上职技能培训，全县 40 家社区工厂、27 家扶贫龙头企业全部复工复产，带动就近就业 7007 人，其中贫困人口 1088 人。

王双曾是东莞一家品牌女鞋厂的技术工人，2020 年新冠肺炎疫情突发，无法返岗的她通过勉县人力资源和社会保障局的帮助在该县苏陕协作园区的友邦鞋业公司顺利上班，并且发挥技术优势当上了部门主管，拿到了“高工资”。“在家门口一个月就能有 6000 元的收入，我很满足。”王双对这份家门口的“高收入”工作倍感珍惜。

三、创新协作平台，优化服务促进就业创业

（一）成立陕西省首个就业扶贫服务中心。围绕“打造贫困群众到江苏务工的‘直通车’、人才创新创业的‘孵化室’、江苏企业来勉投资的‘服务站’和政策宣传的‘信息窗’”目标，积极推动政策落实、服务增效，向江苏 148 家公司和省内外 316 家企业提供服务。

（二）开发陕西省首个县级就业创业公共服务平台系统，实现公共就业创业服务信息化全流程。2023 家企业进入平台发布就业岗位 38 278 个，26 512 人在线登记求职，其中贫困劳动力 1.1 万人次，5065 人实现就业。

（三）成立陕西省首家县级苏陕劳务协作工作站。两家江苏省人力资源服务公司入驻劳务协作工作站常年免费招聘，代理江苏省招聘企业 168 家，设立村级招聘点 45 个，2020 年已向江苏省企业输送 504 人。同时，邀请海门区人力资源社会保障部

门组织企业招聘小分队，在镇村开展“点对点、小而精”招聘，78 家企业来勉招聘，提供岗位 8000 余个，达成招聘意向 2600 余人。

（四）打造全市首个众创空间“沔水摆渡人”创客沙龙平台。依托平台，邀请海门区专家、企业家、创客来勉举办海门与勉县创新创业论坛，累计举办沙龙活动 62 期，受益创客 3500 余人。通过沙龙引领农村致富带头人创业 395 人、扶持贫困户创业 267 人、培树“创业英雄”83 人、大学生创业 118 人，1602 名贫困劳动力在“能人”创办的企业、扶贫车间稳定就业增收。

（五）举办首届“勉县面皮大赛暨沔水摆渡人创客创意展示节”活动。38 位面皮高手同台竞技，15 家企业在“创客集市”展示推销产品。大赛产生金、银、铜奖和优秀奖 10 名，获奖代表冯家槟豆面皮参加汉中市面皮大赛获得金奖，这些成绩极大地鼓舞了贫困群众围绕传统小产业做好脱贫大文章的信心和精气神。

甘肃省天水市甘谷县：

支持扶贫车间　促进就近就业

甘肃省天水市甘谷县坚持把扶贫车间建设发展作为扶贫与扶志的着力点，按照“政府搭台、企业唱戏、农户参与、市场运作”的思路，探索建立“企业 + 车间 + 贫困户”模式，鼓励支持劳动密集型企业把生产车间和培训课堂设立在村一级，打造了一批群众家门口的“扶贫车间”，全力推动扶贫由“输血式”向“造血式”转变，使贫困群众实现就近就地就业，成为脱贫致富的有效途径。新冠肺炎疫情期间，更是发挥扶贫车间就业岗位存量优势，优先解决贫困群众就业。截至 2020 年年底，全县建成扶贫车间 90 个，吸纳群众就业 3100 多人，其中贫困劳动力 1700 多人，贫困劳动力平均月工资稳定在 2000 元左右，确保了有就业需求的贫困劳动力实现稳定就业。

一、着眼激发创办热情，在强化扶持保障上出实招

（一）着力强化资金保障。县财政部门设立扶贫车间专项担保基金，撬动县内金融机构落实贷款。选聘优秀未就业大学生到扶贫车间从事营销管理，由县财政部门拿出资金给予工资补贴，切实减轻企业负担。

（二）多方联系争取订单。在稳定拓宽企业原有订单渠道的基础上，积极协调县

内外企业将校服、工装等交由扶贫车间生产，争取对口帮扶单位订单支持，同时还与东部地区外贸企业签订了长久的来料加工协议，确保扶贫车间稳定健康运营。

（三）全力支持就业培训。将培训课堂延伸到贫困村，整合各类培训资金用于务工群众带薪培训，按照标准一次性补助到企业，既做到了就业群众带薪培训，又降低了企业的用工成本。

（四）强化宣传营造氛围。通过举办扶贫车间奖补和挂牌发放仪式，组织运营效果好、带贫能力强、产业有特色的车间交流分享经验，扶贫车间负责人相互实地考察学习，成立扶贫车间行业协会等系列活动，在全社会范围内对扶贫车间优惠政策、典型做法和成功经验进行宣传报道，为企业参与建设扶贫车间营造良好氛围。

二、坚持科学布局建设，在力促就业增收上强措施

（一）车间选址上优先贫困区域。优先在深度贫困村、人口聚居区、搬迁安置区建设扶贫车间，打造贫困群众家门口的就业平台。

（二）就业对象上聚焦贫困群众。把带动贫困群众就业作为扶贫车间认定的硬性指标，要求就业贫困群众不能少于用工总数的50%，切实放大了脱贫带富效应。

（三）产业门类上突出劳动密集型。坚持“技能门槛儿低、吸纳劳力多、增收效果好”的原则，建成服装加工、草编绳编、鞋帽制作、毛衣加工等行业门类的扶贫车间，使贫困群众尽快上手、短期见效。

（四）利益分配上适当让利群众。把带动群众稳定增收作为底线要求，建立企业与群众利益联结机制，在企业盈利的前提下，鼓励企业适当让利，以确保就业群众收入。

三、针对不同群体情况，在探索就业模式上重实效

（一）发展“厂房式”扶贫车间。针对群众无法外出务工的情况，采取“企业＋车间＋贫困户”方式，将车间建在人口较为集中的贫困村，送岗到家，实现挣钱、顾家两不误。

（二）发展“居家式”扶贫车间。针对难以在固定时间上班的情况，采取“企业＋

订单＋贫困户”方式，送订单上门，按件计薪，让贫困户能够自由支配时间。

（三）发展“跟进式”扶贫车间。针对“陪读”家长，在学校规模较大的镇区，采取“错时”工作制，让家长就近就业，做到边带孩子边挣钱。

（四）发展“安置式”扶贫车间。针对易地扶贫搬迁群众缺少增收门路的情况，将扶贫车间建在易地搬迁安置区，吸纳搬迁群众就近就业，增收脱贫，稳定致富。

同时，针对新冠肺炎疫情影响，加大扶贫车间政策宣传力度，畅通返乡创业渠道，吸引常年在外“打拼”且具有一定资金基础、专业技术、行业资源的人才返乡参与建设扶贫车间，发展劳动密集型产业和中小微企业等，带动贫困群众脱贫致富。

扶贫车间工作场景

四、充分利用各种资源，在发展壮大经营主体上拓渠道

（一）立足本地壮大一批。充分调动企业参与脱贫攻坚的积极性，鼓励支持腾达实业、雅路人麻编、鹏晟商贸等县内劳动密集型企业在贫困村发展扶贫车间，既节约了企业投资成本，又给贫困群众提供了就地就业的机会。

（二）借助外力引进一批。瞄准东部地区投资小、门槛儿低、管理灵活的加工类企业，多渠道开展招商引资，鼓励带设备、带技术、带订单到甘谷县参与扶贫车间建设，解决了外地企业有活儿没人干、本地有人没活儿干的矛盾。

（三）大力扶持新建一批。在资金、用地、厂房建设等方面给予全方位支持，鼓励农民专业合作社、致富能手、返乡农民工、大学生、退伍军人创建扶贫车间，既壮大了带动主体，又培养了一批脱贫致富带头人。

此外，通过对县内生产经营主体运营情况的全面分析研判，采取“优中选优”的方式，鼓励引导适宜在乡村一线建设运营、扎根结果的劳动密集、风险可控、投资较少、短期见效、收益可观的产业项目建设扶贫车间。

五、结合“三变”改革，在放大扶贫效益上求创新

坚持把发展扶贫车间作为助推脱贫攻坚、促进乡村振兴的重要举措，与农村“三变”改革有机结合起来，由县财政出资对运营效益好、带富能力强的服装加工类扶贫车间进行整体收购，将资产折股量化到村集体和贫困户，实行股权化经营，一方面使扶贫车间收益覆盖村所有贫困户，另一方面增加村集体积累，为农村发展注入新活力。

六、着力提升产品质量，在打造产业品牌上求突破

受新冠肺炎疫情影响，东南沿海地区用工成本不断增加，甘谷县发挥县内劳务资源优势，打造了一批服装生产、麻鞋编织、鞋类制作、毛衣缝盘、电子设备装配等优势产业扶贫车间，通过实施产业培育、技术升级、产业链延伸等措施，发展形成了具备一定产业规模的“扶贫产业”品牌。

甘肃省临夏回族自治州广河县：

狠抓五个环节　打造增收脱贫的“铁杆庄稼”

2016年以来，甘肃省临夏回族自治州广河县牢固树立“抓劳务就是抓民生”和“抓劳务必须抓组织化输转”观念，强化组织领导，压实工作责任，创新工作措施，狠抓宣传动员、技能培训、整合资源、驻厂管理、服务协调五个环节，努力提高劳务输出工作的质量和水平。自2009年组织开展转移就业工作以来，完成劳动力培训近2.3万人次，每年稳定输出劳务人员3000人以上，其中贫困户占比30%左右，劳务输出已成为贫困群众增收脱贫的“铁杆庄稼”，为全县群众稳固脱贫和奔入小康打牢了坚实的基础。

一、狠抓五个环节

（一）狠抓宣传动员。

一是全面摸清底数。在各乡镇设立劳务工作站，组织驻村帮扶工作队，进村入户精准摸底，做到不漏一户、不缺一人，列出清单、动态管理。

二是强化对内宣传。县电视台制作“转移就业”专题片3部，网络平台发布企业用工信息3万多条，走家串户散发倡议书5万多份，常态化到乡镇开展巡回宣讲，张贴务工二维码2万多张，举行务工人员欢送仪式200多次，邀请务工致富能人做经验介绍。特别是结合脱贫攻坚“回头看”工作，督促各乡镇、各联系单位、驻村工作队和帮扶干部，进一步加大宣传力度，确保转移就业工作家喻户晓、人人皆知。

三是注重对外宣传。通过印制劳务宣传册、制作劳务宣传视频等，加强劳务输出优惠政策及资源优势宣传推介，进一步提高广河劳务的知名度和市场认可度。

（二）狠抓技能培训。

一是突出对象精准，做到全面培训与精准培训相结合。精准摸排培训需求，全面登记造册、建档立卡，切实做到培训对象精准。在认真落实城乡居民职业技能培训工程的同时，重点做好在精准扶贫村全力开展家政服务、电子加工、装挖机技术、拉面制作、创业等方面的培训，使农村劳动力掌握一技之长。

二是突出技术实用，做到专家授课与“土专家”实际经验相结合。根据群众培训需求，按培训“菜谱”让群众“点菜”。在聘请县内外技校师资的同时，邀请县内致富能人介绍实际经验，用“土经验”“土办法”帮助群众理解理论知识。

三是突出方式灵活，做到集中培训与分散培训相结合。充分利用现有培训资源，持续深入推进常规工种的集中培训。同时，针对不方便参加集中培训的山区群众，组成培训小分队上门分散培训，在群众家门口开展拉面制作、电焊、缝纫、装挖机技术等技能培训和农村致富带头人培训。

四是突出效果显现，做到技能培训与岗位需求相结合。建立“政府＋职校＋企业”订单培训长效机制，邀请企业派专业技术人员来县开展外出人员出发前生活常识、厂纪厂规、法律法规等方面的动员引导培训，入企后设备操作、岗位技能等内容的岗前培训，提高输出人员的专业技能和就业成功率。

五是突出创业就业，做到技能培训与电商培训相结合。坚持“请进来”培训和“走出去”学习相结合，积极开展电商精英、淘宝店主、大学生村官、“两后生”等多类型、多层次电商培训活动。

（三）狠抓资源整合。坚持政府、中介、企业相结合，逐步建立起以人力资源社会保障部门为主体、乡镇劳务工作站为基础、社会中介组织为补充的组织体系，不断完善基层劳务输出网络。

县级层面，建立和完善劳务输出供求信息网络，及时发布劳务信息，指导输出工作有序开展，集中开展“订单”劳务，根据用人单位需要和群众就业意向，组织开展有针对性的中短期培训，做到持证输出、持证就业、提高培训输出率和就业率，打造良好的劳务输出品牌。

乡镇层面，由乡镇组织村社干部广泛宣传县委、县政府关于支持发展劳务经济的措施和办法，进一步提高务工的自觉性和责任感，让群众认识到劳务输出是一项投资少、风险小、见效快的富民产业，是饱了肚子、挣了票子、换了脑子的“铁杆庄稼”。

中介层面，进一步加强劳务中介机构建设，鼓励和支持农村致富能人、大中专毕业生带头创办集信息收集、职业介绍、劳务输出为一体的劳务中介机构。截至2020年年底，与广河县建立长期联系的人力资源中介机构有9家，县内成立中介机构7家。初步形成了洽谈、就业宣传、登记、培训、输送“一条龙”式的组织输转和管理服务模式。

（四）狠抓驻厂管理。对安置就业300人以上的企业，派管理员驻厂协调服务，对安置就业500人以上的企业，指定一名县级领导联系企业，截至2020年年底，已有8名管理员长期驻厂。驻厂管理员从具有一定文化水平、素质较高、能力较强的干部职工中选调，工作突出的优先评优评先，优先提拔重用，对巩固率在80%以上的驻厂管理员给予最高1万元的奖励。

（五）狠抓服务协调。加强对务工人员和企业的联系、协调、服务和管理，化解各种矛盾纠纷，为务工人员提供政策咨询、法律援助、帮助解决实际困难、维护合法权益等服务，确保务工人员稳定就业。近几年，中共广河县委、县政府以长三角、珠三角、京津等发达地区为重点，在拓宽劳务输出渠道上下功夫，定期“走出去”宣传推介优惠政策及劳动力资源优势，“请进来”召开劳务洽谈推介会，搭建“家门口”与企业对接沟通平台。目前，在长三角、珠三角和厦门地区等广河县务工人员相对集中的地区设立了3个转移就业服务办公室，面对面与企业沟通，拓展劳务基地。每年筹措资金近100万元，专门用于为转移就业人员提供车费、保险等补助，尽量减轻转移就业人员的负担。

二、建立激励机制

出台《关于进一步加强转移就业工作的意见》，建立完善奖补机制，对完成组织输转任务的乡（镇），一次性奖励 3 万元；对业绩突出的驻外就业服务办公室一次性奖励最高 1 万元；对在世界 500 强或者员工数量 1 万人以上的企业稳定务工、表现突出、聘用为中层管理岗位的人员，一次性奖励 1 万元；对具有大专及以上学历的和纳入城乡低保家庭中的稳定务工人员，一次性奖励 1200 元，特别是对在厦门务工的建档立卡贫困劳动力务工满 3 个月的，前 3 个月按照每月每人 1000 元的标准进行奖补，从第四个月开始每月按照每人 500 元的标准进行奖补；在厦门务工的夫妻工在外租房住宿的，对夫妻工住宿每月补贴 200 元；对建档立卡贫困劳动力在第三地就业以及在县内电商（不包括扶贫车间）、环保、加工制造类等企业务工满 3 个月每月按照每人 750 元的标准进行奖补，务工满半年的，再每人奖补 1500 元，务工满一年的再每人奖补 3000 元；在新冠肺炎疫情期间，对在第三地就业的建档立卡贫困劳动力按照每月每人 400 元的标准给予补贴，对非贫困人口按照每月每人 200 元的标准给予补贴，对在厦门就业的非贫困人口按照每月每人 200 元的标准给予补贴。以上激励措施全力推进了转移就业工作，有效提高了外出务工人员的稳定率。

三、取得显著成效

（一）群众技能水平有提升。始终把劳动力培训工作作为群众脱贫增收的主要抓手，不断提高务工人员的就业技能和从业素质，增强务工人员的就业能力，实现了技能培训和转移就业工作的深度融合，劳动力精准培训效果显著。

（二）群众就业渠道有拓宽。通过政府组织一批，城乡就业能人、高校毕业生、劳务经纪人带动一批，鼓励引导自由务工一批等措施，组织群众务工就业，拓宽了群众就业渠道，增加了群众收入，逐渐形成了政府主导的市场化运作就业输转模式，有效提高了组织化程度。务工人员平均月工资 4000 以上，人均年创收 5.4 万 ~6 万元，实现了一人外出务工，全家整体脱贫的目标。

（三）“扶贫车间”建设有发展。全县建成并认定扶贫车间 26 个，吸纳就业人员

1985人，其中建档立卡贫困劳动力612人。截至2020年年底，已复工复产企业22家，吸纳就业人员1355人，其中建档立卡贫困劳动力612人。

（四）乡村公益事业有突破。积极开展乡村公益性岗位开发工作，2018—2019年开发乡村公益性岗位756个，2020年累计开发乡村公益性岗位1675个，全县共有乡村公益性岗位2431个，累计吸纳就业2431人，其中建档立卡贫困劳动力2159人，边缘户227人，人均年增收6000元以上，为群众稳定脱贫提供了收入保障。

甘肃省张掖市民乐县：

“搬”出来的好日子

甘肃省张掖市民乐县采取集中安置方式，建设“圆梦苑”易地扶贫安置小区，全县10个乡镇172个行政村的1019户3985名建档立卡贫困人口搬入新居，实现稳定就业、增收致富。

一、输转服务促转移就业

在安置小区内建“圆梦园”人力资源市场，为搬迁贫困劳动力提供专业输转就业服务，加强同外地企业和人力资源（劳务）服务机构对接，与张掖市内重点建设项目和用人单位联系沟通，征集储备就业岗位信息，结合“送岗位、送政策、送服务”活动，推介就业岗位，提供就业指导，召开3场小型招聘会，提供就业岗位800多个，还充分利用张掖就业创业网和农村劳动力市场网络平台，积极打造“就业服务不打烊、网上招聘不停歇”的网上就业服务，开展线上招聘、远程招聘，引导搬迁贫困劳动力实现稳定就业。

二、技能培训助稳定就业

探索“岗位 + 贫困劳动力 + 培训”工作模式，加强用人单位、劳动力市场和培训机构三者间的紧密协作，摸清搬迁贫困劳动力底数和输转需求，精准挑选推荐用人单位岗位信息，由定点培训机构组织应聘人员统一参加岗前培训，应聘人员参加培训合格后与用人单位签订就业协议并到岗稳定就业。对已就业的搬迁贫困劳动力开展岗位技能提升培训，不断提升其就业技能水平。

三、扶贫车间助就近就业

积极宣传就业扶贫政策，提出“企业 + 扶贫车间 + 农户”同发展共致富的路子，鼓励园区入驻企业开发就业岗位。截至目前，民乐县 30 家扶贫车间共吸纳劳动力就业 2560 人，其中建档立卡贫困劳动力 430 人，人均年收入在 20 000 元以上，真正帮助建档立卡贫困户在家门口实现脱贫致富。

扶贫车间内务工人员正在加工精选姬菇片

扶贫车间内务工人员正在晾晒黄芪

青海省海东市：发挥拉面产业优势 全力助推脱贫攻坚

青海省海东市组织动员贫困群众走出山门，到内地、沿海城市开办拉面店，不但摆脱了贫困，实现了致富，还带领亲友乡邻外出就业增收。一碗小小的拉面，成了海东市群众摆脱贫困的“致富面”“和谐面”“小康面”。截至目前，海东市创业者在外开办的拉面店达 2.93 万家，从业人员 18.05 万人，人均年收入 7.8 万元以上。2016 年以来，拉面产业已带动海东市 1.28 万户、7.26 万名贫困群众脱贫致富，占全市整体脱贫总数的 37%。

一、强化政策帮扶，调动脱贫积极性

（一）从技能培训、促进转移就业、助力扶贫等 7 方面出台了 32 项对拉面产业从业人员的帮扶举措。出台支持海东拉面产业高质量发展若干措施，支持引导贫困劳动力从事拉面经营，促进就业增收。

（二）下发推动拉面产业高质量发展三年行动方案，扶持建档立卡贫困户开办拉面店，使其尽快实现脱贫。人力资源社会保障部门创新技能培训政策，鼓励有就业意愿、有劳动能力的建档立卡贫困人员到拉面店“带薪在岗实训”，并对实训期满且具备相应技能的人员给予一次性奖励。

二、健全服务体系，解决后顾之忧

（一）保障合法权益。依托驻外劳务工作站，在拉面产业从业人员相对集中的城市设立驻外办事点，帮助拉面产业从业人员协调办理证照、子女就近入学、参加社保、维护合法权益等问题，彻底解决了他们的后顾之忧。

（二）提升社会影响。通过举办“拉面经济”创新创业大赛、“拉面经济高峰论坛”“拉面产业”推进会等，鼓励贫困群众积极投身拉面创业实践，有效扩大了“青海拉面”的社会影响力。

（三）加快信息建设。积极推进“青海拉面产业公共服务平台”建设，促进线上线下融合发展，畅通合作通道，提供创业选址、社会投资、连锁加盟、人才招聘、技能培训、信息服务、食材配送等便捷服务，使传统青海拉面搭上互联网快车。

三、加大资金支持，帮助实现脱贫

（一）搭建融资服务平台。在主动与银行对接的基础上，开发“拉面贷”。2020

拉面技师现场展示拉面技艺

循化县白庄镇山根村拉面培训现场

年共发放拉面贷款 3.2 亿元，有力助推了贫困人员创业。

（二）落实创业补贴政策。对在省内、省外登记注册拉面店的海东籍创业者，符合条件的新开店人员和带薪在岗人员发放补贴共计 2500 万元。

四、培育优质品牌，扩大脱贫成效

（一）培育品牌。通过评选优秀拉面龙头企业、“示范店”等，扩大拉面产业带动成效，做大做强拉面经济品牌。

（二）助力脱贫。通过注册拉面自主品牌、加盟连锁等，不断扩大拉面产业规模，帮助贫困群众实现脱贫致富。

青海省西宁市：

扎实推进就业扶贫工作

青海省西宁市按照“三年集中攻坚、两年巩固提升”的总体思路，围绕统筹产业企业就业，落实就业创业政策，提升就业创业能力，提供就业创业精准服务，多渠道促进贫困劳动力转移就业和创业。2016—2018 年贫困劳动力转移就业 1.8 万人，实现转移就业收入 2 亿元；创业培训 401 人，扶持创业 42 人；开发扶贫公益性岗位 380 个，累计安置贫困劳动力 730 人。

一、“分”任务，确保完成脱贫攻坚目标任务

一是将转移就业扶贫纳入目标责任制考核，出台了《西宁市转移就业脱贫攻坚行动计划》及 2016 年、2017 年、2018 年年度脱贫实施方案，结合实际细化目标任务，层层分解，确保完成目标任务。

二是各县按月填报“西宁市贫困劳动力转移就业情况统计表”，逐级汇总，定期通报。

二、“送”岗位，做好岗位信息精准发布

（一）通过服务平台发布供求信息。各级公共就业服务机构及时收集和更新当地企

业岗位信息，并通过“青海省农牧信息化综合服务平台”、就业信息短信平台等发布。截至2020年年底，全市共有6.5万名劳动力使用各类平台接收就业创业信息。2016年以来，通过各类平台发布就业信息3万余条，帮助3000余名贫困劳动力实现就业。

（二）通过信息发布点发布供求信息。乡镇综合服务中心、村政务公开栏设立就业岗位信息发布点，每半月更新和发布一次就业岗位信息。2016年以来通过信息发布点发布就业信息2万余条，帮助2000余名贫困劳动力实现就业。

（三）开展送信息上门活动。乡级政府组织村务工作人员或扶贫公益性岗位对企业用工需求进行分类，通过与建档立卡人员求职登记台账进行匹配，为求职登记人员提供最适合的岗位，向用工单位介绍最合适的人选，同时利用就业流动服务车开展“送岗位”“送政策”“送服务”活动。2016年以来通过此项活动，共发送各类用工信息6万余条。

三、“抓”培训，提升转移就业能力

一是按照“缺什么补什么、需要什么培训什么”的原则，侧重培训周期短、易学易会、增收见效快的工种，制定个性化的培训方案，精准到户、到人。

二是围绕西宁市优势产业发展和企业用工需求，引导贫困劳动力参加“订单定向”培训，实现“培训一人、就业一人”的目标。

三是鼓励贫困劳动力积极参加新开发“创业＋技能”的培训项目，如“电商＋创业培训（网店运营）”“农家乐＋创业培训”，使贫困劳动力既有一技之长又具备创业意识，从而拓宽增收渠道，同时带动更多贫困劳动力创业就业。

四是鼓励贫困劳动力根据自身职业规划和职业兴趣，自主选择培训时间、培训工种和培训机构，培训补贴先缴后补，培训合格后将职业技能培训补贴直接拨付给培训者个人。

五是鼓励企业招用贫困劳动力并进行岗前培训，符合条件的按每人600元给予培训补贴。截至2020年年底，全市共完成精准扶贫建档立卡户技能培训8366人。

四、“重”依托，拓宽转移就业渠道

（一）依托现有开发园区、农业产业园、创业孵化基地，引导贫困劳动力就近就

技能培训现场

地转移就业。同时围绕西宁市特色优势旅游资源，鼓励和扶持贫困劳动力创办休闲农庄和茶园，引导贫困劳动力到休闲农庄、茶园等就业容量大的第三产业就业和创业，促进多渠道就业，2016 年以来共带动 800 余名贫困劳动力就业。

（二）依托劳务品牌促进就业。2016 年以来，通过政府推动、政策扶持、强化培训、跟踪服务等措施，培育了“大通生态旅游”和“波航休闲农庄”等 8 个省级劳务品牌，这些品牌企业在扩大农村劳动力转移就业渠道、增收脱贫方面发挥了引领作用，2016 年以来共带动 2000 余名贫困劳动力就业。

（三）依托“就业扶贫基地”促进贫困劳动力就业。各区（县）安排专职人员与就业扶贫基地进行合作沟通，了解掌握就业扶贫基地的用工需求信息，组织引导贫困劳动力到就业扶贫基地就业。

（四）依托劳务对接促就业。拓宽劳务对接渠道，加强与新疆生产建设兵团、青海碱业、海西庆华集团、西宁特钢等省内外企业的对接，广泛收集企业用工信息，使 600 余名贫困劳动力通过劳务对接在新疆、海西等地实现就业。

（五）依托劳务经纪人促就业。按照“政府引导、经纪人组织、市场运作、群众自愿”的模式，加强劳务经纪人队伍建设，积极落实劳务经纪人奖补政策，最大限度地为劳务经纪人提供便利，促进贫困劳动力转移就业。

五、“给”扶持，创业助推脱贫攻坚

一是为已创业的贫困劳动力积极落实首次创业补贴、创业一次性奖励、创业担保贷款等创业扶持政策，发挥政策扶持作用。2016 年以来，共为 42 名贫困劳动者落实扶持资金 74 万元。

二是为有创业意愿和培训需求的创业者提供免费创业培训，以提升其创业能力。2016 年以来，共为 401 名贫困劳动者开展创业培训。

六、“兜”底数，开发扶贫公益性岗位促就业

对于无法输送到企业或到外地就业的贫困劳动力，按照“面向贫困户、公开招聘、择优聘用”原则，通过自愿申请、村委会推荐、公开招聘、统一培训等方式，开发就业扶贫公益性岗位，就地就近安置贫困劳动力就业。2016 年以来，共计开发 380 个精准扶贫公益性岗位，安置贫困劳动力在其所在的村和镇主要从事就业扶贫工作，累计安置 730 人，发放岗位补贴及社保补贴 1800 余万元。

七、“提”服务，促进贫困劳动力转移就业

一是各级公共就业人才服务（职业介绍）机构重点对贫困劳动力提供免费的求职登记、职业指导、职业介绍等服务。

二是组织开展公共就业服务专项活动，以“春风行动”“就业援助月”和“民营企业招聘周”“精准扶贫专场招聘会”等专项活动为契机，引导贫困劳动力转移就业。2016 年以来，全市共举办各类招聘会 364 场，组织 1.4 万家用人单位参加各类招聘会，共提供岗位 20 万余个，达成就业意向 3.2 万余人，其中贫困劳动力 3000 余人。

八、“强”协作，助力脱贫精准对接

（一）健全劳务协作新机制。自西宁市与南京市结对以来，两地建立定期交流互访制度，不断增强工作推进合力，签订了 6 项扶贫劳务协作框架协议，确定了 3 个劳务协作输出基地，5 个劳动力培训供应基地和 4 个劳务协作输入基地，成立了“宁

西劳务协作服务站”。

（二）开创扶贫劳务协作新局面。西宁市对贫困劳动力赴南京就业意愿进行调查，准确掌握贫困劳动力基本情况和就业意愿，南京有针对性地提供岗位信息。出台了《关于进一步加强东西部劳务协作促进劳务输出的通知》《湟中县建档立卡贫困劳动力赴江苏南京外出务工奖励办法》《关于推进对口扶贫劳务协作工作的通知》等文件，对到江苏就业的贫困劳动力给予交通费及生活用品费用补助。两市在西宁共同举办专场招聘会 28 场，提供岗位信息 8000 余个，达成招聘意向 500 余个，通过宣传引导、组织动员，共组织 404 名贫困劳动力到江苏务工，3358 名贫困劳动力在南京扶贫项目中实现就近就地就业。在西宁举办“宁西协作—脱贫攻坚大背景下职业培训机构能力建设研修班”，并选派优质培训师资、优质培训项目来西宁开展家政服务、电商等 35 期劳务协作培训班，组织 770 人参加培训。

（三）拓宽扶贫劳务协作新领域。在坚持人力资源社会保障部门主导有组织劳务输出的同时，充分发挥公共就业服务机构、人力资源服务机构、劳务派遣机构参与扶贫劳务协作，促进更多贫困劳动力到江苏就业。针对西宁市档案信息系统功能单一、存在安全隐患等实际困难，南京市根据西宁市的实际需求，免费为西宁市提供档案信息系统，提升了西宁市档案管理服务效率，使档案管理有了安全保障。邀请南京创业典型、创业园运营、创业指导专家来西宁开展经验交流活动，分别开展了创客沙龙、创业培训教学交流和创业园运营管理经验交流，共有 120 余人参加了活动，提升了西宁市创业培训、创业指导、创业孵化和基地建设等方面的服务能力。

宁夏回族自治区吴忠市盐池县：力推创业带动就业 助力打赢脱贫攻坚收官之战

宁夏回族自治区吴忠市盐池县就业扶贫工作坚持以提升贫困劳动力就业创业能力、实现稳定就业为核心，以建立就业脱贫信息系统、强化职业技能培训、鼓励群众创业就业为重点，确保就业扶贫各项工作扎实有序推进。

一、落实培训三个精准，提高贫困劳动力就业能力

（一）培训规划精准。每年根据工作重点制定印发脱贫富民能力培训实施方案，确保每一名有培训意愿的贫困人员“应训尽训”。

（二）培训实施精准。通过协调扶贫、农牧、工会、团委、妇联等部门，按照“培训需求同向、分门别类实施”的培训原则，有效开展培训工作。2017 年以来，共开展城乡劳动力和贫困劳动力职业技能培训 18 836 人，创业培训 1320 人，其中建档立卡贫困户 11 436 人。

（三）培训奖补精准。为提升贫困劳动力就业愿望，出台建档立卡贫困劳动力培训就业创业补贴政策，共为 1418 名建档立卡贫困劳动力发放就业创业奖励补贴 283.6 万元，鼓励外出务工，实现精准脱贫。

二、加大担保贷款力度，全力支持创业带动就业

按照“脱贫攻坚、就业先行”的思路，鼓励以创业带动就业，拓宽贫困人员就业渠道。

（一）更新创业担保贷款促进就业的新观念。将创业担保贷款作为“大众创业、万众创新”的新引擎，积极为广大创业对象提供政策和资金支持，解决创业资金难题，有效推动就业创业工作深入开展。

（二）找准创业担保贷款支持优势特色产业的主方向。滩羊、黄花和小杂粮是盐池的优势特色产业，为进一步提高滩羊、黄花和小杂粮企业内生动力，加大了对这类产业的企业、个人创业贴息贷款支持力度。

（三）紧扣创业担保贷款服务脱贫攻坚的重点人群。积极落实政策，力促脱贫，2017 年以来，共发放创业担保贷款 2505 笔 3.28 亿元，实现创业带动就业 5551 人。其中为建档立卡贫困户发放创业担保贷款 123 笔 1547 万元。

三、强化产业融合发展，激活脱贫攻坚内生动力

（一）建立“骨干企业＋培训＋补贴”的创业撬动模式。瞄准县内油气化工、新能源、建材等骨干创业企业，如宁鲁石化、金裕海化工、巨拓石膏等积极落实闽宁对口协作项目、就业扶贫等扶持政策，就地就近转移就业 324 名建档立卡贫困劳动力，兑现就地就近转移奖励补贴 82.4 万元。

（二）建立“龙头企业＋基地＋农户”的创业带动模式。成立以滩羊集团、溯源公司为引领的盐池滩羊产业化联合体和盐池县宁鑫现代化生态农牧业产业化联合体。培育龙头企业 18 家，养殖基地 326 个，辐射带动农民 1.98 万户，从业人员 3.96 万人，其中贫困劳动力 16 565 人。

（三）建立“支部＋带头人＋农户”的创业推动模式。按照“资源变资产、资产变股金、农民变股民、收益加分红”的方式，将自然资源、公共资产、财政涉农资金、其他扶持资金和农户权益资本化、股权化，开展资产股权与收益量化分配，赋予贫困村贫困户更多的财产权利。积极创新村集体经济发展途径，全县共选定壮大

集体经济试点村 20 个，整合财政资金 4000 万元，给予每个集体经济试点村扶持资金 200 万元，由贫困村自己创办经济实体，其中花马池镇惠泽村成立盐池县便民农业服务专业合作社，使农民变股民，开展肉牛养殖，现存栏 200 多头，合作社资产近 700 万元。

（四）建立“协会 + 合作社 + 农户”的创业联动模式。围绕特色优势产业，充分发挥协会“服务会员、服务行业、服务政府”的职能，建立县、乡、村三级滩羊协会，实行“县统乡、乡统村、村统组、组统户”统一出口的滩羊养殖营销模式，保证企业有稳定优质的原料来源，实现了滩羊肉优质优价不愁销路，推动了贫困劳动力就地就近创业就业。

宁夏回族自治区石嘴山市大武口区：围绕“三字诀”服务　促进劳务移民就业

宁夏回族自治区石嘴山市大武口区始终将劳务移民就业作为头等大事和第一民生工程，持续在组织统筹、服务保障、兜底安置上出新招、活招、实招，全力促进移民群众就业有“门路”有“扶梯”，共帮助5710名劳务移民外出就业，就业率高达95%，平均每户家庭有2.3人实现就业。

一、建立三个中心，变分散为集聚，提高施策水平

建立家门口就业帮扶中心，构建“企业人力资源部门＋人社服务专员＋劳务中介/公司”三方服务机制，帮助2600余名移民实现转移就业，实现工资性收入2000万余元。建立家庭服务业创业孵化中心和劳务移民创业孵化中心，采取“企业＋市场＋移民”投资运营模式，提供摊位300余个，带动560余名移民就业创业。

劳务移民现场服务情景

二、实施三项工程，变低效为高效，提高就业质量

实施技能提升工程助力高质量择优岗，坚持“劳务移民＋就业扶贫信息员＋社会人力资源服务机构＋推荐就业”培训链条模式，帮助1246名贫困劳动力提升技能水平，培训后就业率达92%。

实施创业扶持工程，助力全链条创好业，建立健全“创业担保贷款＋创业培训＋创业指导＋创业孵化”四位一体帮扶机制，为移民创业者发放政府贴息贷款7万元，为59户移民发放创业补贴12.4万元。

实施扶贫车间工程助力家门口稳就业，建立8家就业扶贫基地，为扶贫车间发放失业保险援企稳岗返还金6.07万元，阶段性减免社保费94.1万元，以工代训和稳岗补贴9.85万元，扶贫车间培训补贴16.8万元，累计吸纳1100余名移民就近就地就业。

三、优先三项活动，变瓶颈为抓手，提高保障力度

优先开展线上失业登记，向182名低保户、建档立卡失业人员推荐就业岗位。优先安置移民就业，通过公益性岗位兜底安置100余名移民就业。优先吸纳贫困劳动力，激发新民劳务等中介公司的积极性，帮助1600名移民在建筑、餐饮、家政等行业稳定就业。

四、提供三项服务，变粗放为精细，提高服务质量

通过搭建“区—街道（镇）—社区（村）—网格”四级公共就业服务体系，提供上门服务，动态掌握移民劳动力就业情况。通过“我的宁夏”“宁夏政务云”提供线上服务，就业失业登记、就业创业证申请受理、就业援助对象申请、灵活就业申报补贴受理四项业务线上办件700余件，应用宁夏公共招聘网等平台提供4000余个岗位开展“全天候”线上招聘。打造以大武口区人力资源市场为主体，星海镇劳务市场、政务服务大厅、锦林人力资源市场为辅的“一体三翼”服务体系，提供“线下就近服务”，通过“网络招聘会”“招聘长廊”等帮助5710名劳务移民实现就近灵活就业和转移就业。

新疆维吾尔自治区克孜勒苏柯尔克孜自治州阿图什市：

精心组织　强化服务　多措并举推进就业创业工作

新疆维吾尔自治区克孜勒苏柯尔克孜自治州阿图什市以全面落实政策与提升服务质量为总抓手，积极搭建平台、精心组织实施、强化服务管理，多举措力促各类人员就业创业。2012 年以来，全市城镇新增就业 24 871 人，登记失业率控制在 4% 以内，转移贫困劳动力 17 288 人，先后带动 51 864 人脱贫，2019 年实现脱贫摘帽。

一、强化服务体系促就业

（一）强化规范管理。进一步健全市场服务体系，加大对职业中介行为的监管，做好失业登记、就业登记、劳动用工备案登记和劳动力调查统计工作，逐步实现就业服务信息化。

（二）积极搭建平台。针对不同的求职人员，有重点地组织专场招聘会，特别是针对未就业高校毕业生开展就业推荐，对全体求职者开展岗位推荐，为各小微企业、劳动密集型企业常态化招聘提供便利。同时，积极开展送岗下乡、送岗到家服务，为求职者提供多样化选择。

（三）加强政策宣传。通过广播、电视、微信公众号、乡村大喇叭、草根宣传员入户宣讲等多种方式宣传就业创业政策，通过扶贫帮扶、走访入户等形式了解就业需求，提供就业岗位，开通微信公众号，每天推送招聘信息，线上线下同步招聘。

二、鼓励支持以创业促就业

积极对接对口援疆省（市）开展创业培训，解决创业者资金缺口，提供创业担保贷款，帮助创业者圆梦。建设创业孵化基地和基地附属配套工程，引进劳动用工密集型企业，带动大中专毕业生创业，解决本地就业问题。

三、加大岗位开发促就业

开发护理员、保洁员、乡村道路维护员、治安协管员、孤寡老人和留守儿童看护等公益性岗位及就业见习岗位，优先安置贫困劳动力和各类就业困难的高校毕业生。

四、强化技能培训促就业

强化职业培训机构和企业责任，促进劳动者提高职业技能，以满足用人单位和人力资源市场需求。通过开展畜牧养殖、林果管理等培训，着力提升建档立卡贫困户种养殖水平，帮助他们实现脱贫致富。

不断提高贫困劳动力外出务工能力。通过以工代训、岗前培训等多种形式，开展缝纫、刺绣、编织、泥瓦工、木工、面点、烹调、美容美发等培训，考核通过后颁发相应证书，并及时拨付各类培训补贴，帮助农村劳动力进企业、进工厂，实现向产业工人的转变，增加其家庭收入，实现就业脱贫。

推动就业扶贫政策落实落地，积极与援疆省（市）、对口帮扶县（市）对接达成劳务输出协议，组织农村富余劳动力外出务工，实现贫困劳动力转移就业脱贫。落实以工代赈项目实现就地就近就业。积极培育劳务经济人和致富带头人，带领周边村民一起脱贫致富，并给予资金支持。

五、依托基层平台促就业

加强镇乡、社区（村）等基层社会保障平台建设，实现管理和服务重心下移，健全公共就业创业服务体系，基本实现辖区范围全覆盖。劳动者小事不出村、大事不出乡即可办理相关人力资源社会保障业务，有效提高了公共就业服务的质量和效率。

六、加快产业发展促就业

（一）坚持规划引领发展。加快推进工业园区基础设施配套完善，提升园区凝聚力和承载力，逐步形成产业集聚效应，带动更多富余劳动力再就业，以产业促脱贫。

（二）加大招商引资力度。利用好援疆协作的机遇，吸引内地企业来阿图什投资建厂，确保更多企业愿意来、留得住、能见效，实现合作共赢新局面。

（三）抢抓经济发展机遇。抓住丝绸之路经济带核心区建设机遇，着力推进商贸物流、餐饮娱乐、信息咨询等提升改造，挖掘经济增长点，壮大电商发展，做好特色产品开发，鼓励民营企业发展，促进三产多元发展。

七、发展扶贫车间促就业

以促进建档立卡贫困家庭劳动力就近就地灵活就业或居家就业为目标，采取园区企业承接、龙头企业带动、合作组织链接、农村能人带领等形式，在乡镇（村）大力发展扶贫车间、卫星工厂，组织建档立卡贫困家庭劳动力从事农产品加工、手工工艺、种养殖等生产活动，帮助其实现就业。

八、大力发展旅游促就业

积极利用本地自然资源禀赋优势，大力开发旅游资源促进就业，鼓励引导村民积极走上发展旅游致富的道路。